Fritz Sitte

JEMEN

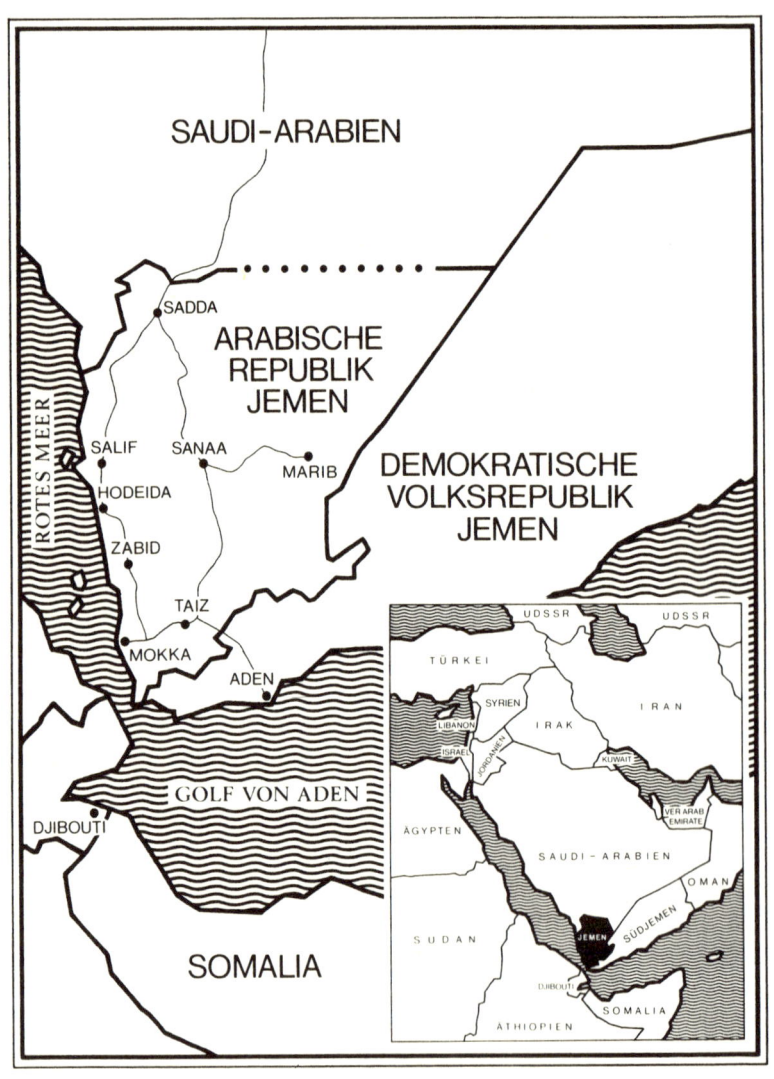

Fritz Sitte

JEMEN

Krummdolch
und Erdöl

Verlag Styria

Sämtliche Dokumentarfotos in diesem Buch
sowie auf dem Schutzumschlag
wurden vom Autor mit
LEICA R4 und LEICA M5 auf KODAK-Filmmaterial
aufgenommen.

CIP-Titelaufnahme der Deutschen Bibliothek

Sitte, Fritz:
Jemen : Krummdolch u. Erdöl / Fritz Sitte. –
Graz ; Wien ; Köln : Verl. Styria, 1988
ISBN 3-222-11791-8

© 1988 Verlag Styria Graz Wien Köln
Alle Rechte vorbehalten
Printed in Germany
Umschlaggestaltung: Hans Paar, Graz
Satz: Druck- und Verlagshaus Styria, Graz
Druck und Bindung: Ebner Ulm
ISBN 3-222-11791-8

FÜR MEINE FRAU ELSY

Inhalt

Vorbemerkung des Autors

Der Jemen, genauer gesagt der sogenannte Nordjemen oder, noch exakter, die Arabische Republik Jemen, war bis vor etwa 25 Jahren ein märchenhaftes und gleichzeitig ein hermetisch abgeriegeltes Land am südöstlichsten Zipfel der Arabischen Halbinsel, das sich im tiefsten Mittelalter befand und unter der absoluten und brutalen Herrschaft eines Imams stand. Die Königin von Saba hatte einst in Marib geherrscht, und ein für damalige Verhältnisse gigantischer Stausee versorgte mittels eines raffinierten Bewässerungssystems die Landwirtschaft. Die Weihrauchstraße führte durch den Jemen, und Sanaa, die Hauptstadt des Nordjemen, zählt mit seiner imponierenden Hochhausarchitektur zu den ältesten noch bewohnten Städten unserer Welt, die niemals erobert oder zerstört wurden. Blutig und grausam ist die Geschichte des Jemen, ein Land mit völlig anderen Gesellschaftsstrukturen und Maßstäben, als sie uns geläufig sind. Zweifellos ist es jedoch ein faszinierendes und liebenswertes Land, das von den Küstenstränden am Roten Meer über eine wildzerklüftete Gebirgswelt bis zu den erbarmungslos heißen arabischen Wüstenregionen reicht und von einem stolzen Volk bewohnt wird, das jeden aufgeschlossenen Besucher begeistern muß.

Ich hatte das Glück, noch während der Bürgerkriegsjahre 1967/68 unter abenteuerlichsten Umständen den Jemen dreimal für mehrere Monate zu besuchen. Ich kletterte mit den republikanischen Stammeskriegern in den wilden, unwegsamen jemenitischen Bergen herum, nahm als Augenzeuge an ihren Kämpfen teil und lag in der Ebene von Sanaa hinter ihren ständig feuernden russischen Panzern. Es wäre damals beinahe meine letzte Reportage geworden, denn als ich dies alles filmte und fotografierte, schlug eine royalistische Granate neben dem Panzer ein, und ein Splitter der Granate blieb in meiner Leica-Ledertasche anstatt in meinem Bauch stecken. Ich flog mit einer uralten, schrottreifen und mehrfach getroffenen DC-3-Maschine in die eingekesselte Hauptstadt Sanaa und landete auf einer Schotterstraße, weil der Flugplatz unter Granatwerferbeschuß lag und überdies durch brennende Flugzeugwracks blockiert war. Es gelang mir immer wieder, aus diesem Inferno mit meinem Foto- und Filmmaterial einigermaßen heil herauszukommen. Einige Male war ich der erste oder einzige Reporter im Jemen und vermochte exklusiv Ereignisse zu dokumentieren wie die Verbrüderung des royalistischen Regierungschefs General Hassan al-Amry mit seinem Gegenspieler General Munassar. Um dieses Bildmaterial rissen sich westliche Fernsehanstalten und Illustrierte im wahrsten Sinne des Wortes.

Eine mehrmonatige vierte Jemenreise fand 1972 statt, als Waffenstillstand herrschte und der Nord- und Südjemen gerade einen Unionsvertrag schlossen.

Mein Vorteil ist, daß ich in den damaligen Extremsituationen viele führende Jemeniten aus Politik, Militär und den Stämmen kennenlernte, die mir durch ihren Einfluß oder ihre Stammesverbindungen halfen. Besonders in der arabischen Welt ist dies enorm wichtig. Manche dieser Freunde und »Schlüsselfiguren« sind in der Zwischenzeit durch Kriegshandlungen, Attentate oder Exekutionen ums Leben gekommen, viele leben aber noch heute.

So unternahm ich 1987 – nach entsprechendem Abstand – abermals eine Jemenreise, um einen Vergleich zwischen einst und jetzt zu ziehen. Als Kontrapunkt stelle ich die Erlebnisse und Fakten aus der »Stunde Null« des Jemen den jetzigen Gegebenheiten drastisch gegenüber, weil ich der Überzeugung bin, daß nur so, von ein und demselben Beobachter der verschiedenen Epochen, eine einigermaßen korrekte, faire und objektive Bestandsaufnahme möglich ist. Mit diesem Buch will ich den Versuch unternehmen, den heutigen Jemen nicht nur gegenüberstellend zu zeigen, sondern ich möchte dieses uralte Kulturland und seine Menschen in ihrer rapiden Entwicklung für uns Europäer verständlicher machen.

Der Jemen ist heute auf alle Fälle eine Reise wert, er ist bereits ein begehrtes Fremdenverkehrsland mit einer beginnenden Infrastruktur geworden, was sich in der Zukunft noch weit mehr bemerkbar machen wird.

Flug nach Sanaa

Eine Stunde vor Mitternacht mußte die von Frankfurt
kommende Lufthansa-Boeing-737 über den spärlichen
Lichtern der nordjemenitischen Hauptstadt Sanaa zuerst
einmal kreisen, bis endlich die Flugplatzbefeuerung für die
Landepiste eingeschaltet wurde und die Maschine auf dem
von der Bundesrepublik Deutschland gebauten Flughafen
zur Landung ansetzen konnte. Große Regenlachen standen
auf den Betonpisten und verrieten jedem Neuankömmling
gleich die herrschende Jahreszeit. Die wenigen Meter bis
zum Flughafengebäude mußten wir Passagiere der nur
halb besetzten Maschine ordnungshalber mit einem Flug-
hafenbus zurücklegen, so wie dies auf allen großen und
internationalen Flughäfen üblich ist, obwohl das Vorfeld
menschenleer und öde vor uns lag. Nur im Halbschatten
der Scheinwerfer konnte man einige Bewaffnete erkennen,
die das Geschehen verschlafen beobachteten. Die Paß- und
Zollkontrolle sowie die Durchsuchung meines Gepäcks
gingen gewissenhaft vor sich, wobei die Höflichkeit im
Verhalten der Beamten den Vorrang behielt.

Mit einem der wartenden Taxis fuhr ich dann vom
Flugplatz zu der 13 Kilometer entfernt liegenden Haupt-
stadt Sanaa. Es herrschte eine silbrig fahle Mondhelle, die
sich über die Silhouette der Stadt breitete. An den wichtig-
sten Einfahrtsstraßen und Straßenkreuzungen leuchteten
Taschenlampen auf, jedes Fahrzeug wurde von Polizei und
Militär angehalten, die die Personalausweise als auch den
Wageninhalt genau kontrollierten. Mit vermummten
Gesichtern und hochgestellten Mantelkrägen amtierten die

Männer in der nächtlichen Kälte und blätterten den Paß, wie von der arabischen Schrift her gewohnt, von rückwärts nach vorne durch. Lastkraftwagen und Busse dürfen nachts grundsätzlich nicht in die Städte fahren. Eine Sicherheitsmaßnahme, die im Jemen absolut nicht überflüssig ist, weil so manche Stammesrevolte auf diese Art zu nächtlicher Stunde ihren Anfang nahm. Vier solche Straßensperren und eingehende Wagenkontrollen mußte ich über mich ergehen lassen, bis ich endlich im Hotel »Taj Sheba« eintraf. Ein Hotel mit europäischem Standard und indischem Management, wo jedes Zimmer sein Bad und seinen TV-Apparat hat. Die großzügig angelegte Hotelhalle, die Speiseräume, Marmorböden, uniformiertes höfliches Hotelpersonal, Aircondition, Swimming-pool, Bar und was sonst noch alles dazugehört, verblüfften und irritierten mich unwillkürlich, denn diese Umgebung stimmte mit meinem Jemen, wie ich ihn vor Jahren kennengelernt hatte, nicht überein.

Als abergläubischer Weltenbummler habe ich immer zwei Talismane bei mir: eine schwarze Lederjacke mit vielen Taschen, wie sie türkische Gastarbeiter gerne tragen, und eine »Heuer«-Taucheruhr. So saß ich nun auf dem sauberen Hotelbett, streichelte meine beiden Talismane und schien nicht sicher zu sein, ob ich überhaupt im Jemen war, weil Erinnerungen und Gegenwart ganz einfach nicht zusammenpaßten.

Damals war es ganz anders zugegangen, als ich zum ersten Mal den Jemen besuchte und in Asmara (Eritrea/Äthiopien), auf der anderen Seite des Roten Meeres, am Flughafen stand und verzweifelt nach der Kursmaschine der damaligen Yemen-Arab-Airline Ausschau hielt. Ich wußte nicht, daß die stolze nordjemenitische Luftfahrtgesellschaft nur aus zwei jämmerlichen DC-3-Flugzeugen bestand, von denen eines am Boden stand und von ein paar barfüßigen Jemeniten mit brutalem Werkzeug regelrecht zerlegt wurde, um so die Ersatzteile für die zweite – fliegende – DC-3 zu bekommen. Ein ziemlich fetter Zivilist

wies sich als amtlicher Vertreter dieser sagenhaften Luft-
linie aus und riß hastig die dollarbringenden Flugtickets
ab, mit denen er zu den Äthiopiern lief, weil er damit – wie
mit Bargeld – Flugbenzin kaufen konnte.

Die drei jemenitischen Flughäfen Sanaa, Taiz und
Hodeida waren wegen militärischer Operationen im herrschenden Bürgerkrieg gerade gesperrt, aber der jemenitische Manager in Asmara versicherte hoch und heilig und
mit blumenreicher Sprache, daß dies ein Flug ins wahre
Paradies werden würde. Damals ahnte ich noch nicht, daß
für die Mohammedaner das wirkliche Paradies erst im Jen-
seits liegt und dieser Spruch im wahrsten Sinne des Wortes
leicht hätte in Erfüllung gehen können. Mit meiner
ahnungslosen Frage, wann denn das Flugzeug in Asmara
für den Flug nach dem Jemen eintreffen werde, hatte ich
anscheinend den Nagel auf den Kopf getroffen, denn der
Jemenite packte mich triumphierend an den Schultern und
deutete dann mit stolzgeschwellter Brust und ausgestreck-
tem Arm auf das Vorfeld des Flugplatzes, als gelte es einen
verbohrten Ungläubigen zum rechten Glauben zu bekehren. »Da steht sie!« rief er mir jubelnd zu. Ich vermochte
meine Blicke wahrhaftig nicht mehr von diesem Luftvehi-
kel zu reißen. Das durfte nicht wahr sein, denn diese alte
DC-3-Maschine war ein richtiger »Seelenverkäufer«, eine
Karikatur von einem Flugzeug. Sie stand oder lehnte
bereits auf dem Boden ganz schief oder wie man es auch
nennen wollte. Wie mußte dieser Apparat dann erst flie-
gen, wenn er ruhend schon so schrottverdächtig aussah!
Die Farbe der Beschriftung war abgeschabt, als hätte man
das Flugzeug durch enge Gassen gequetscht, und überall
am Rumpf und an den Tragflächen sowie am Seitenleit-
werk waren plumpe Blechstreifen primitiv aufgenietet
worden, wie bei einem schlechten Schuhdoppler. Der eine
Reifen am Fahrgestell war halb leer, und mit Seilen hatte
man das Monstrum auf dem Boden festgezurrt, damit es ja
nicht zum Schrottplatz flüchten konnte. Die Tür pendelte
bei jedem Windstoß wie verloren hin und her, sie schien

vergeblich nach Passagieren zu winken. Meinen tristen
Gesichtsausdruck bemerkend, wollte der Jemenite mich
beruhigen und meinte begütigend, daß dieses Flugzeug
nur von außen so häßlich aussehe, technisch aber vollkommen in Ordnung sei und bereits ein volles Jahr ohne Repa-
ratur und Wartung fliege. Nur ein einziges Mal sei die
Maschine von Royalisten angeschossen worden, so daß sie
notlanden mußte. »Wir haben aber alle Löcher wieder
zugenietet, sie ist fast wieder fabriksneu«, beteuerte er.

Außer mir warteten noch ein nordafrikanischer sowie
ein ostdeutscher Diplomat, und in einer Ecke des Transit-
raumes hockten wie verschreckte Hühner vier ständig
lächelnde Chinesen mit ihren Mao-Broschen auf den
blauen Einheitsanzügen. Die äthiopischen Polizisten und
Zöllner strichen unentwegt durch den Transitraum des
Flughafens und bestaunten uns Jemenpassagiere kichernd,
als wären wir irgendwelche aus dem Zoo entsprungene
seltsame Tiere.

Als drüben bei der schrägen DC-3 unser Gepäck eingeladen wurde, stürzte der Jemen-Manager zu den beiden
Diplomaten und bat um ein Darlehen von 500 Dollar für
seine stolze Yemen-Arab-Airline, weil sie in augenblicklichen Schwierigkeiten sei und das Flugbenzin nicht zahlen
könne. Wütend willigten die beiden Diplomaten nach einer
Weile ein und erhielten prompt den Gegenwert in außerhalb von Jemen völlig wertlosen Jemen-Rial. Bei den
lächelnden Chinesen blitzte er ab, und bei mir erntete er
auch nur ein müdes Kopfschütteln. Ein alter Jemenite mit
Ziegenbart und Pappschachteln gesellte sich nachträglich
noch zu uns. Kurz darauf rollte tatsächlich ein Tankwagen
zum Flugzeug, und wir hörten überflüssigerweise über den
Lautsprecher die Ansage, daß wir uns beim Ausgang
Nummer zwei einfinden sollten, als gelte es, Passagierscha-
ren zu entwirren. Den bereits am Boden schlafenden Zie-
genbart-Jemeniten weckte der Jemen-Manager mit einem
Fußtritt, was dieser prompt mit einem »Danke« quittierte.
Unsere Bordpässe wurden eingesammelt. Bleigraue Regen-

Diese Karte entnahm ich dem Buch:

Zum Lesen bzw. zum Kauf wurde ich angeregt durch:

○ Prospekt, ○ Anzeige, ○ Buchbesprechung, ○ Schaufenster, ○ Empfehlung des Buchhändlers, ○ Empfehlung eines Bekannten, ○ Geschenk.　　(Bitte ankreuzen)

Meine Meinung zu diesem Buch:

Verlag Styria · Graz Wien Köln

Was gibt es noch bei Styria?

Bitte kreuzen Sie unten Ihr Interessengebiet an. Sie erhalten dann unverbindlich Prospekte zur Information über das aktuelle Styria-Programm.

Religiöses Buch
☐ Religion/Theologie
☐ Meditation/Gebet
☐ Pastorale Praxis

Historisches Buch
☐ Geschichte/ Zeitgeschichte
☐ Politik
☐ Biographien

Edition Kaleidoskop
☐ Literatur
☐ Austriaca/Styriaca
☐ Wandern

Verlag Styria Graz Wien Köln

Name/Vorname

Beruf

Straße

Postleitzahl und Wohnort

Nichtzutreffenden Ort bitte streichen

Geschäftsantwort-
postkarte

An den
Verlag Styria

Postfach 511029
D-5000 Köln 51

Postfach 831
A-8011 Graz

wolken hingen am Himmel, als wir schicksalsergeben zur Maschine marschierten, als ginge es zu einer Hinrichtung. Asmara liegt auf einem Hochplateau von ca. 2300 Metern, auf der anderen Seite des Roten Meeres liegt der Jemen.

Vorsichtig, als könnten wir die Maschine vielleicht gar beschädigen, kletterten wir über eine Leiter in das Innere der DC-3. Sie sah innen noch weitaus trostloser aus als von außen – schäbig, zerlumpt und verlottert. Fast der ganze Passagierraum war mit Bündeln, Kisten, Koffern und Schachteln angeräumt, die man mit Stricken festgezurrt hatte. Mit Müh und Not fanden wir Passagiere ein paar Sitzplätze. Neben mir hatte es sich der Ziegenbart-Jemenite gemütlich gemacht. Er zog in kurzen Abständen immer wieder die vor ihm in der Rückenlehne des vorderen Sitzes befindliche Tasche zu sich und landete einen gezielten braunen Strahl seiner Spucke dort, wo andere Passagiere sonst die Kotztüte, Sicherheitsanweisungen, Routenkarte oder Prospekte des Bordservice suchen. Es klatschte immer mehr, je öfter der »Ziegenbart« seine Mundsäfte dort auf diese »originelle« Art und Weise deponierte. Der Manager kletterte nochmals artistisch durch das Flugzeug und zählte seine Passagiere, um sicherzugehen, daß sich inzwischen niemand verdrückt hat. Ein schmächtiger jemenitischer Zivilist mit einem kleinen Schnurrbärtchen und einem abgetragenen schmierigen grauen Rock mit viel zu kurzen Ärmeln stellte sich uns als der Steward vor. Er verriegelte die klapprige Türe mit einem Stück Eisendraht, da weder Griff noch Schloß vorhanden waren. Gleich darauf turnte er mit einem Tablett durch den Mittelgang und verteilte farbenprächtige klebrige Bonbons, die sich nicht mehr von den Zähnen lösten, wenn man sie erst einmal im Mund hatte. Als besonderes Bordservice hatte der Jemenite auch noch eine Reihe kleiner Wattebäusche für die Ohren auf seinem Tablett, deren Farbe aber bereits auf mehrmalige Benützung hindeutete. Der Metallbeschlag auf den Sitzsicherheitsgurten fehlte gänzlich, und so mußte man einen kunstvollen Knoten machen. Hastig fanden noch einige Platzwechsel statt, weil bei manchen Sitzen nur einer oder überhaupt keiner der beiden Gurte vorhanden war. Mein Sitznachbar machte es noch einfacher und steckte sich beide Gurtenenden in die Hosentaschen; er war anscheinend Stammgast dieser Luftfahrtgesellschaft und kannte sich aus.

Ein Ruck durchfuhr unseren Vogel, und ich äugte neugierig durch das ölverschmierte Fenster, weil ich vermutete, daß das Fahrgestell nunmehr durch die Überbelastung völlig eingeknickt sei. Ich irrte mich, denn es ging nun wirklich los. Prustend und polternd, große schwarze Rauchschwaden ausstoßend, sprang der linke Motor an und gleich darauf auch der rechte. Ab und zu unterbrach eine lautstarke Fehlzündung das Einerlei, bis dann in unregelmäßigen Abständen unter der klapprigen Motorverkleidung meterlange Blitze hervorschossen. Der Steward hatte sich auf die Bündel und Ballen gesetzt, wo er seinen Körper mit Armen und Beinen verspreizte. Wir rollten bereits, es war nicht zu fassen, was in dem Vogel alles steckte. Nach einem kurzen Probelauf der Motoren startete das Flugzeug. Die Chinesen hatten ihre roten Mao-Bibeln aufgeschlagen, während der ostdeutsche Diplomat heimlich auf seiner Brust ein Kreuzzeichen mimte, ob aus religiöser Überzeugung oder aus zynischer Ironie, blieb dahingestellt. Die Kiste rannte bergab, die Motoren heulten auf, Fehlzündungen knallten dazwischen, es riß uns abwechselnd nach links und rechts, weil die Motoren ungleichmäßig arbeiteten, aber die Maschine wollte und wollte nicht von der Piste abheben. Als wir endlich von der Piste hochkamen, schien es sich die gequälte DC-3 nochmals zu überlegen, sie sackte wieder ab und prallte wie auf einem Trampolin hart auf dem Boden auf. Vor uns kam bereits das Ende der Startbahn beängstigend schnell näher. Buchstäblich im letzten Moment hob diese lahme Ente zentimeterweise vom Boden ab und schwebte mit Ach und Krach über einen Stacheldrahtzaun hinweg. Wir tauchten in die bleigrauen Regenwolken hinein.

Im Küstenstreifen sind die Turbulenzen besonders spürbar, es schüttelte uns durcheinander, als säßen wir in einer Betonmischmaschine. Sobald wir über dem Roten Meer flogen, schlich ich mich nach vorne ins Cockpit, weil ich von dort aus einige Fotos machen wollte. Links saß Milo, ein jugoslawischer Pilot, sympathisch und bullig wie ein Preisboxer, der sich gleich freundlich vorstellte und mit meinem Wunsch diskussionslos einverstanden war. Rechts neben ihm saß sein jemenitischer Kopilot, der das Funkgerät bediente und vergeblich mit dem jemenitischen Küstenflughafen Hodeida eine Funkverbindung herzustellen versuchte. Der Flugplatz der Hauptstadt Sanaa lag unter Beschuß der Royalisten und konnte nicht angeflogen werden, und in Hodeida ließen sie uns auch nicht runter, weil sowjetische und ägyptische Militärmaschinen den Flughafen blockierten. Viel Sprit hatten wir nicht mehr, als wir über den Inseln endlich Landeerlaubnis für den Gebirgsflughafen Taiz bekamen. Wir ließen Hodeida und die Tihama-Tiefebene links liegen und flogen auf die Gebirgsketten zu. Eine wilde biblische Terrassenlandschaft breitete sich unter uns aus. Die Dörfer lagen alle auf den Kämmen und Gipfeln der Berge, die immer höher und höher wurden.

Milo gab mir plötzlich die Anweisung, mich hinter seinem Pilotensitz festzuspreizen, weil er zur Landung ansetzen wollte. Ich tat, wie er befahl, aber es blieb mir rätselhaft, wo und wie er in diesem Felsgewirr »landen« wollte. Milo drosselte beide Motoren, wir überflogen in greifbarer Höhe einen Bergkamm. Dahinter lag, eingekeilt zwischen hohen Bergen, eine Schotterfläche. Man mußte da schnell zur Landung ansetzen und die Geschwindigkeit gleichzeitig stark drosseln und scharf abbremsen, denn die Schotterpiste war nicht allzu lang und endete vor einem Abhang. Drei ägyptische Flugzeuge hatten dort bereits eine Bruchlandung mit Totalschaden praktiziert, deren Trümmer als stumme Pilotenmahnmale daneben lagen. Unser Himmelsstürmer setzte unsanft auf und rumpelte über den unebenen Boden. Die Bremsen im Fahrwerk quietschten erbärmlich, es zog uns wieder nach links und rechts, aber wir hatten unseren Kurs auf den Abhang beibehalten. Prustend blieb der Vogel endlich stehen, und dann herrschte eine wohltuende Stille. Unweit von uns stand tatsächlich das Zwillingsflugzeug dieser Yemen-Arab-Airline, die andere DC-3, in der eine Schar Jemeniten eifrig nach Ersatzteilen suchte. Das Flughafengebäude von Taiz bestand aus einer kleinen Einraumhütte, wohin man unser Gepäck brachte und wo nunmehr die amtlichen Paß- und Zollkontrollen vorgenommen wurden.

Einige Männer rollten Benzinfässer an die Maschine, während andere inzwischen sämtliche Sitze aus dem Flugzeug entfernten. Milo, der Prachtpilot mit seinen Blue jeans, verabschiedete sich noch schnell und flog nach Aden weiter, um dort Sprengstoff für die republikanischen Truppen in der Hauptstadt Sanaa abzuholen. Am nächsten Tag würde er mich wieder in Taiz abholen und nach Sanaa mitnehmen, versprach er mir händeschüttelnd. Die beiden Diplomaten blieben in Taiz, weil sich dort bereits die meisten ausländischen Botschaften aus Sicherheitsgründen befanden. So mußte ich in Taiz übernachten, dieser wunderschön zwischen hohen Bergen in einem Talkessel eingebetteten Stadt. An den steilen Berghängen klebten bis zu einer Höhe von etwa 3000 Metern die Steinhäuser wie Schwalbennester an den Felsen. Auf den Straßen herrschte ein geradezu chaotisches Durcheinander von pausenlos hupenden Fahrzeugen und Bewaffneten.

Es war eine höchst unruhige Nacht, in der die Hunde langgezogen wie Wölfe heulten. Vereinzelt fielen immer wieder Schüsse, gefolgt von einer lähmenden Stille. Noch in der Dunkelheit machte ich mich mit einem klapprigen Wagen wieder auf den Weg zum Flugplatz, aber immer wieder stoppten bärtige Bewaffnete das Fahrzeug, richteten ihre Waffen und den Strahl ihrer Taschenlampen auf mein Gesicht, bis wir die Steinhütte erreichten, in der eine Petroleumlampe brannte. Einige offene Holzfeuer sowie eine russische Fliegerabwehrkanone mit vermummten Soldaten verliehen diesem Schotterflugplatz ein abenteuerliches Flair. Ich hockte mich mit anderen wartenden Passagieren auf den Boden, bis mit der anbrechenden Morgendämmerung Milo mit seiner DC-3 wie ein müder Hürdenspringer über die nahen Felskämme turnte und landete. Das Innere des Flugzeuges war jetzt voll mit Dynamitkisten, ein alter Jemenite mit einer Ziege kam als letzter Passagier.

Es wurde der tollste Flug meines Lebens, als wir durch die wildzerklüftete Gebirgswelt flogen, von den Dörfern beschossen wurden und mit Sturzflügen und Steilkurven auszuweichen versuchten. Es herrschte ein Inferno, als Waffen und Ziege durch die Maschine schlitterten und das meckernde Biest plötzlich im Cockpit stand. Als wir in den Bereich der eingekesselten Hauptstadt Sanaa einbogen, begann ein wildes »Tontaubenschießen« auf uns, denn die Berge ringsum waren von schießwütigen royalistischen Truppen besetzt. Wie sich gleich herausstellte, hatten wir drei Treffer im Flugzeugrumpf abbekommen, die mit Putzwolle gestopft wurden, damit es nicht so zog. Sobald wir im Tiefflug über dem Flugplatz waren, sahen wir deutlich zwei brennende Militärflugzeuge auf der Piste, kleine Rauchpilze von Granateinschlägen konnte man deutlich ausnehmen, und zwei Jemeniten winkten wie verrückt mit einer gelben Fahne, als wir zur Landung ansetzen wollten. Milo startete durch, bog hinüber zur Vorstadt Rawda und setzte den Vogel auf einer Schotterstraße auf. Sobald die Maschine stillstand, flogen die Dynamitkisten samt Ziege und mir aus dem Flugzeug, Milo startete gleich zum Rückflug. So kam ich damals zum ersten Mal nach Sanaa.

Dies alles huschte an mir vorbei, als ich nunmehr auf meinem sauberen Hotelbett hockte. Was lag da alles zwischen diesen beiden Ankünften!

Arabia felix

Vor etwa 200 Millionen Jahren waren die Arabische Halbinsel und Afrika noch ein geschlossener Block, erst vor schätzungsweise 70 Millionen Jahren brach dieser ostafrikanische Schild. Die Platten hoben sich und stürzten ein, die Arabien-Platte begann nach Osten abzudriften, was auch bis heute noch nicht abgeschlossen ist. Dadurch entstand ein tiefer Graben zwischen dem Kontinent Afrika und Arabien, in den das Meerwasser einfloß und so das Rote Meer entstand.

Der südliche Teil Arabiens war schon in der Altsteinzeit besiedelt, was aus zahlreichen Steinwerkzeugfunden hervorgeht, jüngste Grabungsfunde weisen überdies auch in die Jungsteinzeit und Bronzezeit. Verschiedene größere Mahlwerkzeuge zeugen von einstiger Landwirtschaft. Paläobotanische Untersuchungen ließen Abdrücke von Gersten-, Weizen- und Hirsesamen auf Tongefäßen zutage treten. In den Kochlöchern fand man Tierknochen von Schweinen, Ziegen, Schafen und Ochsen, die man samt den Holzkohlenresten mit der C-14-Methode untersuchte und auf eine Zeit um 1980 v. Chr. datierte.

Die ersten frühgeschichtlichen Berichte aus dem südlichen Arabien stammen von den Sabäern, den Bewohnern des Reiches von Saba, das Marib als Zentrum und Hauptstadt hatte und im heutigen Nordjemen liegt. Die Sabäer besaßen eine erstaunlich hohe Kulturstufe auf verschiedensten Gebieten. Am eindrucksvollsten ist zweifellos der riesige Staudamm von Marib mit seinem raffinierten Bewässerungssystem für die Landwirtschaft, der bereits um 3000

v. Chr. gebaut worden war und eine landwirtschaftliche Fläche von 9600 Hektar bewässerte, was einer doppelten Anbaufläche entspricht, weil durch diese Bewässerung zwei Ernten im Jahr möglich waren. Sowohl das ausgeklügelte System für die weitverzweigte künstliche Bewässerung mit Schleusen und Kanälen als auch das gewaltige Mauerwerk mit Steinquadern, die so exakt behauen sind, daß in den engen Fugen nicht einmal eine Messerklinge Platz findet, legen Zeugnis ab vom hohen technischen Können dieser Menschen. Die Sabäer waren schreibfreudig und mitteilsam, so daß auf Steintafeln, Mauern und Felsen zahlreiche Inschriften der Nachwelt erhalten blieben. Die Sabäer und ihre Stadt Marib stellten einst das Zentrum für Macht, Handel und Reichtum in der gesamten südarabischen Region, deren Einfluß und Herrscherbereich zeitweise bis nach Abessinien reichte, dar.

Der Reichtum der südarabischen Reiche Saba (Sabäer), Qataban, Main (Minäer) und Hadramaut entstand hauptsächlich durch den Handel, wobei die beiden aromatischen Harze Weihrauch und Myrrhe von ganz besonderer Bedeutung waren, weil sie auch im Mittelmeerraum begehrt waren und man für diese Duftharze faktisch jeden Preis bezahlte. Weihrauch ist eine Harzart, die von einem Staudenbaum (Boswellia carterii) gewonnen wird, indem man die Rinde einschneidet und der austretende Harzsaft dann an der Sonne getrocknet wird. Nur 3500 Familien besaßen das Recht und Privileg, Weihrauch zu ernten. Sie besaßen nahezu religiösen Sonderstatus und durften beispielsweise während der Weihrauchernte weder mit Frauen verkehren noch an Begräbnissen teilnehmen. Allein diese kultischen Vorschriften hoben die Bedeutung des Weihrauchs und trieben die Preise in die Höhe. In ähnlicher Art wie beim Weihrauch ging die Myrrhegewinnung vor sich. Die große Karawanenstraße hieß nicht umsonst »Weihrauchstraße« und reichte von der qatabanischen Hauptstadt Timna bis nach Gasa an der Mittelmeerküste, eine Entfernung von 65 Kameltagesmärschen oder – wie es ganz genau nachgezählt und aufgezeichnet wurde – 2,437.500 Männerschritten (2400 Kilometer).

Diese Importe aus Südarabien kosteten die Römer beachtliche Geldmittel, daher wurde dieses sagenhaft reiche Land am Ende der Weihrauchstraße in den Jahren 25 bis 24 v. Chr. unter der Führung des Aelius Gallus das Ziel eines römischen Feldzuges, der jedoch kurz vor Marib in der Wüste kläglich scheiterte.

Die aufregendste und denkwürdigste Kamelkarawane, die jemals die Weihrauchstraße beschritt, war die Besuchsreise der sagenhaften Königin von Saba, die sich im 10. Jahrhundert v. Chr. zu König Salomo nach Israel begab. Davon berichtet die Bibel im 1. Buch der Könige im 10. Kapitel. Wörtlich steht darüber auch im 2. Buch der Chronik im 9. Kapitel: »Als aber die Königin von Saba vom Rufe Salomos hörte, da kam sie, um ihn mit Rätselfragen auf die Probe zu stellen. Sie kam nach Jerusalem mit sehr großem Gefolge, mit Kamelen, die Spezereien und eine große Menge Gold und Edelsteine trugen. Und als sie zu Salomo kam, fragte sie ihn alles, was sie sich vorgenommen hatte, und Salomo gab ihr auf all ihre Fragen Bescheid; es war dem Salomo nichts verborgen, daß er ihr nicht hätte Bescheid geben können.

Als aber die Königin von Saba die Weisheit König Salomos sah und den Palast, den er gebaut hatte, und die Speisen auf seinem Tische, die Tafelordnung für seine Beamten, die Aufwartung seiner Diener und ihre Gewänder, seine Trinkeinrichtung und auch sein Brandopfer, das er im Tempel des Herrn darzubringen pflegte, geriet sie vor Staunen außer sich und sprach zum König: ›Volle Wahrheit ist es, was ich in meinem Lande über dich und deine Weisheit gehört habe.

Ich habe den Leuten nicht glauben wollen, bis ich hergekommen bin und es mit eigenen Augen gesehen habe. Wahrlich nicht die Hälfte deiner großen Weisheit ist mir berichtet worden; du hast mehr, als das Gerücht sagt, das ich gehört habe. Glücklich deine Frauen und glücklich diese deine Diener, die allzeit vor dir stehen und deine Weisheit hören!

Gepriesen sei der Herr, dein Gott, der Wohlgefallen an dir gefunden, so daß er dich auf seinen Thron gesetzt hat als König des Herrn, deines Gottes. Weil dein Gott Israel lieb hat, so daß er ihm für immerdar Bestand geben will, darum hat er dich zum König über sie eingesetzt, daß du Recht und Gerechtigkeit übest.‹ Und sie gab dem König 120 Talente Gold und Spezerei in großer Menge und Edelsteine; nie wieder hat man so viel Spezerei gesehen, wie die Königin von Saba dem König Salomo gab.

Auch brachten die Knechte Hurams und die Knechte Salomos, welche Gold aus Ophir holten, Sandelholz und Edelsteine.

Und der König ließ aus dem Sandelholz Treppen machen für den Tempel und für den Königspalast und Lauten und Harfen für die Sänger, dergleichen im Lande vorher nie gesehen war.

König Salomo aber gab der Königin von Saba alles, was sie begehrte und erbat, außer dem, was sie dem König gebracht hatte. Darnach kehrte sie um und zog in ihr Land samt ihrem Gefolge.«

Es wurde von Historikern gerätselt, welche Motive die Königin von Saba hatte, König Salomo zu besuchen, denn die lange, gefährliche Reise führte durch Gebiete, die nicht zu den Vasallen des Saba-Reiches zählten; Kamelkarawanen benötigten daher immer einen beachtlichen militärischen Schutz. Waren es Werbereisen für den Handel oder schloß die Königin von Saba verschiedene Verträge für ihr Reich oder den Weihrauchstraßenhandel ab oder stand nur die Bewunderung für den weisen Israel-König Salomo allein dahinter? Man wird es nie wissen. Fest steht jedoch, daß diese seltsame und romantische Begegnung zwischen der Königin von Saba und König Salomo nicht nur damals als Jahrhundertereignis galt, um das sich endlose Legenden rankten, sondern auch später nahmen sich zahlreiche Künstler sowohl der Christen (Ghiberti, Holbein, Veronese, Hieronymus Bosch u. a.) als auch der Araber, Inder und Türken dieses Themas an. Ein »Gipfeltreffen« einmaliger Art mit einer unglaublichen Ausstrahlung in andere Kulturkreise.

Die südarabische Region wurde speziell von den Römern als »Arabia felix« (Glückliches Arabien) bezeichnet, es dürften damals dort auch andere klimatische Bedingungen als heute geherrscht haben. Vor allem waren wesentlich mehr Niederschläge zu verzeichnen. Eine ganze Reihe von besonderen Fähigkeiten und Fertigkeiten bewiesen die südarabischen Völker und Stämme schon in frühester Zeit. Bereits weit vor der islamischen Epoche wurden im Jemen hervorragende Stoffe erzeugt, wobei die gestreiften Gewebe besonders begehrt waren. Selbst der große Prophet soll einen Mantelumhang aus diesem Jemenstoff getragen haben, den er – der Überlieferung nach – einem Dichter nach der Rezitation eines Gedichtes in spontaner Begeisterung zugeworfen hat. Lange Zeit hindurch wurde die Kaaba, das Hauptheiligtum des Islams in Mekka, mit jemenitischen Tüchern zugedeckt. Die Webkunst und Färberei erfuhr im Jemen eine so hohe Perfektion, daß jemenitische Stoffe den Händlern sogar an der Mittelmeerküste aus den Händen gerissen wurden.

Selbst in der Astronomie hat der Jemen seit dem 8. Jahrhundert beachtliche Leistungen erbracht, die in zahlreichen Schriften festgehalten wurden. Viele dieser wissenschaftlichen Werke tauchten später in Bibliotheken in England, Ägypten, Deutschland und Italien auf, wohin sie durch Forscher manchmal unter geradezu mysteriösen oder kriminellen Umständen gebracht wurden. Um 1291 n. Chr. fertigte der damalige Herrscher Sultan al-Aschraf, der selbst wissenschaftlich tätig war, das sensationelle »Astrolab« – ein wissenschaftliches Instrument – an, das der Nachwelt erhalten geblieben ist und Wissenschaftler der Gegenwart verblüfft. Mit dem Gerät konnte man faktisch die dreidimensionale Himmelssphäre darstellen.

Mathematiker hatten schon damals herausgefunden,

daß man in drei Zahlenreihen jeweils nur eine Zahl so schreiben kann, daß deren Summe bei horizontaler, vertikaler und diagonaler Addition eine gleichbleibende fixe Zahl ergibt. In dem Fall die Zahl 15, wie aus dem Beispiel ersichtlich ist. Es gibt aber eine ganze Reihe solch magischer Quadrate mit anderen Fixzahlen, die wiederum bestimmten Himmelsgestirnen zugeordnet wurden. Die Fixzahl 36 gehörte zur Sonne, 49 zur Venus und 81 zum Mond. Diese in verschiedenen Metallen eingravierten Zahlenquadrate wurden als Talisman (arabisch: tilasma, tilsama) getragen, man erhoffte sich Schutz und Glück von diesem Gestirn.

4	9	2
3	5	7
8	1	6

Am beeindruckendsten und augenfälligsten ist aber die jemenitische Architektur. Geprägt durch die Gesellschaftsstrukturen des Landes, wo es neben der Familie und Großfamilie eigentlich nur mehr den Stamm als allerletzte Instanz gibt, ist selbst die kleinste Einheit – das Haus – auf Schutz und Verteidigung ausgerichtet, dem sich alles andere unterordnet. Die Häuser sind meist turmartige Wohnburgen, je nach Vermögen des Bewohners entsprechend ein- und ausgerichtet. Grundsätzlich sind die Dörfer auf schwer zugänglichen Bergspitzen und Bergkämmen situiert, wo sich die Häuser eng aneinanderschmiegen, um sich so gegenseitig auch Schutz und Hilfe gewähren zu können. Wenn nicht das ganze Haus, so ist doch zumindest der Teil der ersten Stockwerke aus Steinen gemauert, und erst die obersten Stockwerke sind manchmal aus Lehm. Nur in Gegenden, wo es keine Felsen gibt oder wo die Siedlungen in der Ebene liegen, existieren Lehmhäuser. Die Hauseingangstüren – oftmals mit kunstvoll geschmiedeten Metallklopfern versehen – sind relativ schmal und nieder, damit bei Angriffen nur jeweils ein einzelner Mann eindringen kann und auch dann nur in etwas gebückter Haltung, wodurch er dem Verteidiger im Hause gegenüber in Nachteil gerät. Auch die einzelnen Stufen in die oberen Stockwerke sind extrem hoch, womit ein rasches Aufwärtssteigen verhindert wird.

Im Parterre sind, zumindest in den ländlichen Regionen, die Rinder und sonstigen Haustiere untergebracht. Möbel gibt es nicht, wenn man von einigen Truhen absieht. Man sitzt auf dem Boden, und zwar grundsätzlich immer mit dem Rücken zur Wand, was auch einem uralten Sicherheitsbedürfnis entspricht. Auf Teppichen und Polstern nimmt man Platz, Hausratsgegenstände sind in Mauernischen untergebracht. Nie findet man eine unversperrte Haustüre. Die Anordnung der Fenster oder schießschartenartigen Mauerschlitze erlaubt die Verteidigung nach allen Seiten hin unter möglichster Vermeidung von toten Winkeln. In den untersten Stockwerken sind fast überhaupt keine Maueröffnungen oder Fenster. Solche Wohnburgen konnten in früherer Zeit mit den damaligen Waffen nur schwer erobert werden, denn für die Konstruktion und als Baustoff verwendete man keine brennbaren Materialien. Fensteröffnungen wurden außen an den Hauswänden mit weiß gestrichenen Ornamenten verziert und die Öffnungen mit Farbglas oder dünnen Alabasterscheiben versehen, was einen wunderschönen Lichteffekt hervorruft.

Wissenschaftler haben festgestellt, daß der Jemen das erste Land war, das imstande war, »Hochhäuser« mit bis zu zwölf und mehr Stockwerken zu bauen, wie man sie heute noch in Hadramaut, im »Chikago Arabiens« (Südjemen), aber auch im Nordjemen häufig antreffen kann.

Die klassische Bergfestung ist Schahara, eine kleine Stadt im jemenitischen Hochgebirge, 2600 Meter über dem Meer gelegen, die nur über steilste schmale Bergpfade mittels einer schwindelerregenden, kunstvollen Brücke über abgrundtiefer gähnender Schlucht erreicht werden kann. Dort in Schahara hat einst Imam al-Qasim der Große in seiner Not Zuflucht gesucht und von da aus die Rückeroberung des Jemen begonnen.

Neben dieser zweckorientierten, aber auch bewußt gestalteten Architektur, die im Norden des Landes bei den Lehmbauten anders aussieht als im übrigen Jemen, bilden die während der islamischen Zeit entstandenen Moscheebauten wahre Prunkstücke der Baukunst. Als weltweit bewunderte Sehenswürdigkeiten gelten die Reste der Tempelbauten von Marib, die eine mathematische Genauigkeit bei aller Monumentalität verraten.

Anders sind jedoch die Wohnsiedlungen in der jemenitischen Tiefebene Tihama entlang der Küste des Roten Meeres, wo man gewöhnlich nur Stroh- und Grashütten antrifft. Der Einfluß Afrikas ist in der Küstenregion deutlich zu sehen und zu spüren, was bis in alle Lebensbereiche und Gewohnheiten hineinreicht.

Die Wissenschaft nahm im alten Jemen einen hervorragenden Platz ein. Die Stadt Zabid stellte so etwas Ähnliches wie Oxford und Cambridge dar. Sie barg nicht weniger als 230 Koranschulen in ihren Mauern, und eine große Anzahl führender Wissenschaftler lehrte an den verschiedenen Fakultäten der Geisteswissenschaften und des Koran. Unter der Herrschaft der Rasuliden war Zabid ein Bildungszentrum höchsten Ranges, von dem heute allerdings nur mehr wenige Gebäudereste zu sehen sind. Es wird vermutet, und verschiedene Niederschriften weisen auch darauf hin, daß die Algebra in Zabid ihren Ursprung hatte und von dort aus in die ganze Welt vordrang.

Die Geschichte des Jemen war seit jeher wechselhaft und durch gnadenlose Kriege gezeichnet. Um 950 v. Chr. herrschten im Jemen die südarabischen Minäer, um

650 v. Chr. die Sabäer. 115 v. Chr. begann der Einfluß der Himjariten, der bis 525 n. Chr. dauerte. Dazwischen besetzten im 4. Jahrhundert n. Chr. zeitweilig die Äthiopier das Land, nachdem kurz vorher die Axumiten (Abessinier) und dann die Perser eingefallen waren und den Jemen erobert hatten.

Sanaa wurde vorübergehend Sitz des persischen Statthalters, schließlich geriet es unter islamischen Einfluß. 630 wurde der Jemen ein Teil des arabischen Kalifats. Im 9. Jahrhundert waren die Rasiten an der Macht, von 1174 bis 1228 wurde der Jemen zu einer Provinz der Ajjubiden und erlebte von 1229 bis 1454 unter der Dynastie der Rasuliden eine Prachtzeit. Nach 1517 gehörte der Jemen vier Jahrhunderte zum Osmanischen Reich; zwischen 1538 und 1733 stand das ganze Land nominell unter türkischer Oberhoheit. Erst seit 1918, nach Beendigung des Ersten Weltkrieges, erhielt der Jemen wieder seine Selbständigkeit und wurde unabhängiges Königreich unter der Herrschaft des Imam Yahya.

Die Osmanen (Türken) zählen zu den Sunniten, die sich speziell in den südlichen Küstenstreifen des Jemen ausbreiteten, während die nördlichen Bergstämme zu den Zaiditen – eine abgesplitterte Sekte der Schiiten – zählen. Die Zaiditen wählen aus ihrer Mitte den Imam, das religiöse und weltliche Oberhaupt in einer Person. Für diese »Wahl« sind seit jeher bestimmte Voraussetzungen notwendig gewesen. Wichtigste Grundbedingung war, daß der Kandidat aus der Familie des Propheten Mohammed oder seines Schwiegersohnes Ali stammt, diese Abkömmlinge führen auch den Titel Sherif. In so manchen arabischen Städten hausen Unmengen von Prophetenabkömmlingen, ohne jemals auch nur die geringste Aussicht auf einen Imamsitz zu haben. Außerdem waren bestimmte charakterliche Eigenschaften für einen Imam grundsätzliche Voraussetzung. In der Praxis allerdings sah es wesentlich einfacher aus, denn Imam wurde immer der stärkste und politisch geschickteste Anwärter, der über den größtmöglichsten Anhang unter den Stämmen verfügen mußte, weil er sich anders nicht durchsetzen konnte. Es erfolgte – nach arabischen Begriffen – eine gesunde und natürliche Auslese, ähnlich wie bei einem Wolfsrudel, wo das stärkste Tier die Stelle des Anführers einnimmt. Imam und Wolf hatten aber noch etwas gemeinsam: Sie mußten stets in der Lage sein, ihre Position gegen Widersacher und Konkurrenten erfolgreich zu verteidigen. Stammesfehden, Intrigen, Rivalitäten waren nicht immer mit Brachialgewalt allein zu lösen, oft waren politisches Fingerspitzengefühl und eine ausgeklügelte Schläue erfolgreicher, um den Hexenkessel unter Kontrolle und die Stämme an der Kandare zu halten.

Der Urtyp eines solchen Imams war der in die Geschichte eingegangene Imam al-Qasim der Große (1598 bis 1620), ein kämpferischer Imam, der als Volksheld gegen die verhaßte türkische Fremdherrschaft gefeiert wurde und einen erfolgreichen Kampf gegen die osmanischen Truppen führte. Mit 27 Jahren war er einer der jüngsten Imams überhaupt – aus seiner Familie waren bereits sieben Imams hervorgegangen. Außerdem war Qasim einer der gebildetsten zaiditischen Religionskenner und -lehrer. Bei ihm trafen also beide Faktoren – Religionslehrer und Kriegsführer – ideal zusammen. Er brachte eine Provinz nach der anderen zum Kampf gegen die Türken auf und begeisterte seine Landsleute für den Freiheitskampf, die alle anderen internen Probleme vergaßen. Aus Konstantinopel wurden Truppen als Gegenmaßnahme in den Jemen geschickt, und so gelang es den Türken, die bereits verlorenen nordjemenitischen Berge wieder in ihre Gewalt zu bringen und sie neben dem Küstenstreifen am Roten Meer weiterhin zu kontrollieren. Imam al-Qasim ließ nicht locker, er führte einen erbitterten Guerillakrieg gegen die Besatzungstruppen. Ständig war er unterwegs bei kleinen und großen Stämmen, um sie für eine neuerliche große Erhebung zu gewinnen. Im Jahr 1608 war es dann soweit, und er bedrängte die türkischen Truppen so hart, daß sich Konstantinopel zu einem Vertrag mit dem kriegerischen Imam entschließen mußte, in dem vereinbart wurde, daß al-Qasim seinen zaiditischen Norden autonom regieren durfte, während der sunnitische Küstenstreifen weiterhin unter osmanischer Herrschaft blieb. Der Waffenstillstand trennte die beiden religiösen Lager, die Sunniten und Zaiditen.

Konstantinopel wollte sich aber lediglich eine Erholungspause verschaffen und gab die Hoffnung nicht auf, den Gesamtjemen wieder unter seine Herrschaft zu bekommen. Im 19. Jahrhundert rollten die osmanischen Invasionswellen wieder an, als die Wahabiten sich gerade in Arabien erbittert bekämpften. Die Öffnung des Suezkanals 1869 vereinfachte für die Türken das bisher umständliche Truppentransportproblem – die Truppen kamen nunmehr nicht mehr auf dem Landweg, sondern auf dem Seeweg in den Jemen. Aber selbst der sonst so erfolgreiche türkische Feldherr Ahmed Mukhtar Pascha erzielte nur vorübergehende Erfolge und brachte gerade noch einige Städte unter seine Kontrolle.

Die osmanische Okkupation lenkte die Auswahlkriterien bei der Wahl des Imams mehr und mehr auf dessen kriegerische Qualitäten, denn der Jemen fand sich nie mit den sunnitischen Fremdlingen aus Konstantinopel ab. Imam Ahmed al-Mansur erkämpfte ein Gleichgewicht der militärischen Kräfteverhältnisse – weder die türkischen Truppen noch seine Stämme besaßen die Alleingewalt im Land. Er konfrontierte das Imam-System mit einer neuen Idee, indem er eine erbliche Dynastie der Imams etablieren wollte, was auf heftigen Widerstand einiger zaiditischer Stämme stieß. Dennoch baute er seinen Sohn Yahya für die Nachfolge auf. Aber erst der Erste Weltkrieg brachte auch für den Jemen die Wende. Das Joch der Türken wurde endlich abgeschüttelt, als die Briten in Aden einzogen. Lange kämpfte Yahya, um die Hauptstadt Sanaa in seine Gewalt zu bekommen, und etliche Gegen-Imams mußten niedergekämpft werden. Als schließlich die Türken das Land verlassen hatten, blieb ein Dutzend türkischer Offiziere – die sich in jemenitischer Gefangenschaft befanden – freiwillig beim Imam. Mit deren Hilfe versuchte der Imam, so viel »Fortschritt« zu aktivieren, wie für die Unabhängigkeit des Jemen seiner Meinung nach nötig war. Yahya regierte absolut, sein Wort war Gesetz, und nur er allein hatte Schlüssel und Verfügungsgewalt für die Schatzkammern und Waffenarsenale: die zwei wesentlichsten Faktoren für eine erfolgreiche Herrschaft und für die Überlebenschance eines Imams. Er wachte mit Argusaugen darüber, daß keinerlei fremde Einflüsse vom Ausland in den Jemen kamen, was so weit ging, daß er sogar die Post eigenhändig kontrollierte und zensurierte. Weder Bücher und Zeitungen noch Radioapparate ließ er herein, ja, er bedachte solchen Besitz mit der Todesstrafe. Das führte zu einer Isolierung des Landes. Er wollte auch den zaiditischen Glauben konservieren und regierte als Despot über Zaiditen und Sunniten von 1918 bis 1948 brutal, aber seiner Meinung nach erfolgreich. Eine so lange Regierungsperiode war nicht allen Imams im Jemen beschieden, denn auch die Köpfe der Imams saßen im Jemen schon seit jeher locker auf den Schultern. Selten starb ein Imam eines normalen Todes im Bett.

Yahya führte mit der Kronkolonie Aden einen langjährigen und aufreibenden Kleinkrieg. Die Stadt war in Yahyas Augen ein Dorn, denn dort saßen seine Untertanen, die aus verschiedenen Gründen ins Exil geflüchtet waren. Die – man könnte fast sagen – Imam-Opposition in Aden und auch in Kairo wuchs von Jahr zu Jahr. Der bereits 80jährige Imam Yahya fuhr 1948 zusammen mit seinem Enkel im Auto nach Sanaa zurück, als ein Maschinengewehrschütze aus nächster Nähe mehr als 500 Schüsse auf den Imam und seine Begleiter abfeuerte. Yahya war nicht mehr zu erkennen, er war von der Unzahl der Geschoße buchstäblich zerfetzt worden. Sein Enkel wurde bei diesem Attentat ebenfalls getötet.

Der MG-Schütze hieß al-Wasir, auch er stammte aus einer Imam-Familie und sympathisierte offen mit den Exil-

Jemeniten. Al-Wasir ließ sich sofort zum Imam ausrufen, wollte er doch Yahyas Sohn Ahmed, der in Taiz saß, zuvorkommen. Imam-Sproß Ahmed war nicht beliebt, sondern – ganz im Gegenteil – verhaßt und wegen seiner Grausamkeiten gefürchtet. Ahmed erkannte die Gefahr, die seiner Herrschaft durch den Gegen-Imam al-Wasir drohte. Sofort brach er mit seinen Kriegern zuerst nach Hodeida auf, wo er die Streitmacht verstärkte und zur Sicherheit einige Scheichs seinem Gefolge einverleibte, damit deren Stämme nichts gegen ihn unternehmen konnten. Von Hodeida aus zog Ahmed zu den zaiditischen Stämmen im Norden und ließ sich in der Stadt Hajja zum rechtmäßigen Imam ausrufen. Der Jemen hatte nun zwei Imams. Ahmed konnte auch die beiden mächtigsten Stämme des Nordens für sich gewinnen, die Bakil und Haschid, denen er große finanzielle Zusicherungen für den Fall der Einnahme der Hauptstadt Sanaa machen mußte, dazu gehörte die Plünderung der Stadt. Das ist im Jemen seit jeher nicht nur eine uralte Kriegssitte gewesen, daß der Sieger rauben, plündern und vergewaltigen darf, sondern war auch immer die beste Motivation für die angreifenden Stämme. Es leben heute noch Augenzeugen dieser Eroberung Sanaas durch Ahmed und die ihm ergebenen Stämme. Es war eine Blutorgie sondergleichen. Die Leichen türmten sich auf den Straßen und lagen dort tagelang bis zur Verwesung. Die Krieger drangen in alle Häuser ein, mordeten, raubten und vergewaltigten die Frauen. Al-Wasir wurde gleich in den ersten Stunden aus seinem Versteck geholt und öffentlich enthauptet. Eine große Anzahl von Prinzen, Angehörige der Imam-Familie – ja sogar ein Bruder von Imam Ahmed –, die al-Wasir beigestanden hatten, wurden in Ketten gelegt und in die berüchtigten Gefängnisse der Bergfestungen geworfen. Dort kamen sie nach wenigen Monaten um, oder man folterte und enthauptete sie in den Kellern.

Seit dieser blutigen Episode in Sanaa hatte es Imam Ahmed nicht mehr gewagt, seinen offiziellen Regierungssitz in Jemens Hauptstadt aufzuschlagen. Er regierte in der sunnitischen Stadt Taiz – der zweiten Hauptstadt des Landes. Für ihn war das Risiko der Blutrache in Sanaa zu groß.

Ahmed praktizierte darüber hinaus ein erfolgreiches System, um die Stämme ruhig zu halten und die Ordnung in seinem Land zu wahren. Er holte sich die sieben bis fünfzehn Jahre alten Söhne der einflußreichsten Scheichs seines Reiches nach Taiz, wo sie in einer komfortabel eingerichteten Bergfestung – die sich auf der Spitze eines hohen, uneinnehmbaren Felskegels befand – nobel und standesgemäß untergebracht und erzogen wurden. Sie waren seine Geiseln und die Garantie dafür, daß ihre Väter auf keine Revolutions- oder Attentatsgedanken kamen. Wenn dennoch ein Stamm gegen die Herrschaft oder Abgabenvorschreibungen Imam Ahmeds aufbegehrte, wurde der betreffende Scheichsohn getötet. So war es kein Wunder, daß derartiges nur ein einziges Mal versucht wurde.

Dennoch kam es immer wieder zu Umsturzversuchen. Im Jahr 1955 verschworen sich einige Brüder Ahmeds mit hohen Offizieren. Aber Ahmeds Sohn al-Badr (der letzte Imam des Jemen) mobilisierte, während sein Vater von der Verwandtschaft und den Offizieren in Taiz eingekerkert war, mit einigen Ledersäcken voll silberner Mariatheresientaler die Stämme der Bakil und Haschid, die schon im Kampf gegen al-Wasir den Ausschlag gegeben hatten. Ahmed gelang es inzwischen, den Wachposten zu überrumpeln. Und wieder einmal bevölkerte sich der jetzige Sportplatz in Taiz, wo die öffentlichen Enthauptungen den Gipfelpunkt des gesellschaftlichen Lebens der Stadt zu bilden pflegten. Alle kamen sie zu dem blutigen Schauspiel. Die mit Rang und Namen hatten zu kommen, das war der ausdrückliche Wunsch von Imam Ahmed. Wer nicht kam, dokumentierte durch das Fernbleiben seine Solidarität mit dem Verurteilten, was kaum jemand wagte. Die blutigen Köpfe, die zuvor mit einem einzigen Schwerthieb vom Leib getrennt worden waren, wurden auf Stöcke gespießt oder auf einen Sockel gelegt, um von den Zuschauern beschimpft und angespuckt zu werden.

Imam Ahmed überstand etliche Attentate. So wurde er 1961 im Krankenhaus von Hodeida während einer Röntgenaufnahme von einem mit weißem Arztkittel verkleideten Offizier angeschossen, der vom auf dem Boden liegenden Imam wegrannte und voreilig den Tod des Gefürchteten verkündete. Ahmed war aber nur leicht verletzt worden und hatte sich wie leblos zu Boden fallen lassen. Er sprang auf und trat vor seine Leibwache, welche die Waffen – und sogar ein MG – bereits gegen ihren Herrn in Stellung gebracht hatte. Er brüllte seine Leute an und hielt ihnen eine donnernde Strafpredigt. Die Waffen sanken, und die Köpfe der Anführer und des Attentäters rollten gleich darauf vor dem Krankenhaus in den Sand.

Den Imam plagten vielerlei Krankheiten, ein Schwarm europäischer Leibärzte kümmerte sich ständig um das Wohlergehen des Herrschers. Als er einmal für kurze Zeit in Krankenhausbehandlung nach Italien mußte, »regierte« sein Sohn al-Badr, der nicht nur von Ägyptens Staatschef Nasser enthusiastisch schwärmte, sondern auch für den »modernen Weg« seines Landes eintrat. Er besuchte zahlreiche Ostblockländer, wo er um Waffenlieferungen bat, die er auch erhielt. Die Stämme nutzten die Schwäche des Kronprinzen geschickt aus. Al-Badr zahlte Unsummen an die Stämme, damit sie sich ruhig verhielten. Als Imam Ahmed aus Italien zurückkehrte, räumte er brutal auf. Da unter den Nutznießern seiner Abwesenheit auch der Haschid-Stamm war, der bei al-Badr Hunderttausende Rial zu kassieren verstanden hatte, wurde Ahmed böse und befahl den Haschid-Scheich al-Ahmar unter Zusicherung des freien Geleits und der unbehelligten Rückkehr zu sich nach Taiz. Zwei Tage später wurde der Scheich aber enthauptet. Möglicherweise war es dieser Kopf, der dem späteren Imam al-Badr den Sieg kosten sollte. Den Wortbruch und die Ermordung ihres Scheichs al-Ahmar konnten die Haschid, die sonst immer zum Imam-Haus gehalten hatten, in der späteren Entwicklung der zwiespältigen jemenitischen Geschichte nie mehr vergessen. Jeden anderen Stamm hätte Ahmed strafen dürfen, aber nicht die mächtigen Haschid.

Ahmed hatte eine Schwäche für die Italiener, die während und nach ihrer mißglückten Afrikapolitik in Abessinien – auf der anderen Seite des Roten Meeres – dem Jemen Entwicklungsdienste und Militärberater anboten. Der kranke Ahmed nahm aber auch andere politische Möglichkeiten wahr und schloß sich 1958 den »Vereinigten Arabischen Staaten« an, einem Staatenbündnis zwischen Ägypten, Syrien und dem Jemen. Sie hatten sogar die gleiche Flagge, nur mit verschiedener Sternenanzahl. Ahmed wußte genau, daß seine Existenz von den panarabischen Nationalisten, von den Fanatikern der anderen arabischen Länder, gefährdet werden konnte. Im selben Jahr 1958 kamen auch die ersten rotchinesischen Schiffe mit Maschinen und Arbeiterkolonnen für den vertraglich zugesicherten Straßenbau. Die blauen Chinesen Maos bauten die äußerst schwierige Asphaltstraße durch das wilde Hochgebirge von Hodeida, dem Hafen am Roten Meer, bis zur Hauptstadt Sanaa. Eine technische Meisterleistung, die selbst von westlichen Ingenieuren bewundert wurde. Rußland begann noch unter Ahmed, die ersten Waffen für die Imam-Armee zu schicken.

1961 aber kühlte die Freundschaft des Imams zu seinen Verbündeten Ägypten und Syrien jäh ab, es kam zum Bruch und Austritt aus dieser geographischen und politischen Union. Ahmed wetterte sogar in Gedichten über den Kurzwellensender Sanaa gegen die wachsende Propaganda aus Kairo. Nasser hatte zu deutlich werden lassen, daß er durch die Union mit dem Jemen eine Chance einmaliger Art sah, Einfluß auf Aden und den Ausgang des Roten Meeres zu nehmen.

Die gesamte arabische Politik bekam durch den Faktor Jemen plötzlich andere Akzente und Schwerpunkte. Der arabischen Welt schwebten Perspektiven und ungeahnte

Möglichkeiten für eine Neuorientierung vor, da Ost- und Westmächte ihre »Hilfs«-Angebote offerierten. Die republikanischen arabischen Länder, ebenso wie die Sowjets, sahen nunmehr eine Möglichkeit, die feudale Arabische Halbinsel in die Zange zu nehmen und in Südarabien mit den beiden Jemen (Nord- und Südjemen) einen Brückenkopf zu bilden. Die Chinesen hatten nach vierjähriger Bauzeit die auch strategisch äußerst wichtige Asphaltstraße von Hodeida nach Sanaa fertiggestellt, die ein wesentlicher Faktor für die noch im selben Jahr lawinenartig anrollenden Entwicklungshilfsgüter wurde. Es bestand somit eine ausgezeichnete Landverbindung vom Roten Meer in das sonst schwer erreichbare Landesinnere bis ins Herz des Jemen, bis zur Metropole, die auch von größten und schwersten Fahrzeugen befahren werden konnte.

Am 18. September 1962 starb Imam Ahmed völlig unorthodox nach langwieriger Krankheit in seinem Bett. Viele Geschichten und Legenden über ihn und sein angebliches Heldentum sind mehr oder minder übertrieben, denn in der arabischen Welt wächst ein Held von Erzählung zu Erzählung, seine Taten werden dabei umso »größer«, je länger er bereits tot ist. Das liegt in der Mentalität der Araber. Fest steht, daß Imam Ahmed ein furchtloser, unerschrockener Herrscher war, der allerdings durch seine Grausamkeit dem Land viel Leid zugefügt hat. Er hat seinen Abschnitt der Geschichte des Jemen mit Hektolitern von Blut geschrieben. Er besaß keine Freunde, war nicht beliebt, sondern vielmehr ein Einsamer und Gehaßter. Letzten Endes war es einzig und allein seinen Fehlern zuzuschreiben, daß die weitere Entwicklung des Jemen eine radikale Wendung nahm. Nur wenige Tage nach Imam Ahmeds Tod, während sein Sohn al-Badr sich zum neuen Imam ausrief, brach im Jemen die Revolution aus . . .

Alte Freunde, neue Straßen

Am Morgen nach meiner Ankunft blickte ich in Sanaa zum Hotelfenster hinaus und sah den überquellenden Großstadtverkehr auf der Hauptstraße. Eine Unzahl von Autos steckte im Verkehrsstau und hupte miteinander um die Wette, weil sie nicht weiterkam. Auf der anderen Straßenseite stand in einem mit hohem Eisenzaun umgebenen riesigen Areal ein gigantisches Bankgebäude. Ich mußte mir die Augen reiben, um wach zu werden, denn ich konnte es noch immer nicht glauben, im Jemen – in meinem Jemen, wie ich ihn in Erinnerung hatte – zu sein.

Wie ein Kind, das plötzlich seine Eltern verloren hatte, rannte ich fassungslos durch die Hauptstadt Sanaa, um diese Entwicklung zu begreifen. Eine große Anzahl völlig neuer Gebäude hatte die Stadt wesentlich verändert. Fast alle hatte man im alten jemenitischen Stil mit den Rundbogenfestern und oberen Farbglasfüllungen nachgebaut, so daß das Gesamtbild der Stadt keineswegs gestört, sondern ergänzt und aufgewertet wurde. Nur der Kern der antiken Altstadt von Sanaa mit seinen klassischen alten Bauten ist unberührt geblieben. Erfreulicherweise hat man vor den uralten Wohntürmen und -burgen Respekt bewahrt und sie so gelassen, wie sie waren. Nur ein einziges Gebäude bildet einen abscheulichen Kontrapunkt zum alten Sanaa: das von den Italienern geschmacklos hingestellte Hochhaus der »Yemenia« (Yemen Airline) mit seiner spiegelblanken Dallas-Glasfassade in modernster Form, das sich wie der Frack zur Lederhose gegenüber dem Stil der jemenitischen Hauptstadt ausnimmt.

Der alte Souk mit seinen spinnwebenartig verzweigten kleinen Gassen, in denen die vielen Handwerks- und Handelsbranchen ihre kleinen Nischen und versperrbaren Miniläden haben, wo es nach allen nur erdenklichen orientalischen Gewürzen und Speisen riecht, stinkt oder duftet, wo die Dschambijas (Krummdolche) an Ort und Stelle geschmiedet werden und die Silberläden ihre Waren anbieten, da ist alles bis jetzt unverändert geblieben und noch keiner »Modernisierung« zum Opfer gefallen.

Die jüngste Neuerung in Sanaa sind nun Straßennamen und Hausnummern auch auf den alten Gebäuden, selbst in den engsten Gassen. Ein Fortschritt, über den sich die Bewohner amüsieren, weil sie so etwas noch nie gesehen haben und dessen Sinn nicht erkennen können, denn Postzustellung gibt es im Jemen ohnehin keine. Am Stadtrand stehen hinter sicheren Gitterzäunen riesige Parabolantennen für die Telekommunikation mit der ganzen Welt. Das Hauptpostamt nimmt faktisch eine ganze Straßenfront ein, vor den Stufen hocken die Schreiber mit Briefpapier und Schreibzeug für die Analphabeten an kleinen Tischen oder auf dem Boden, und in einer Sektion des Postamtes ist ein ganzer Komplex mit unzähligen Postfächern. Ohne Postfach kann man keine Post empfangen, und nicht nur Firmen, sondern jeder, der etwas auf sich hält in der Hauptstadt, der mietet sich solch ein Postfach mit Schlüssel. Ein Postfach ist geradezu eine Art Statussymbol, wie bei uns ein Swimming-pool. Es gehört auch zum guten Ton, daß die Postfachinhaber tagsüber ihre Post gleich auf den Stufen stehend lesen, um gesehen zu werden, damit jedermann merkt, wer man ist und daß man ein Postfach besitzt.

Ich kann mich noch lebhaft daran erinnern, daß ich bei meinem ersten Besuch in Sanaa 1967 das damalige »Hauptpostamt« auf der gegenüberliegenden Seite des großen Platzes der Revolution fand, unweit von der Stelle, wo heute der russische T-34-Panzer als Denkmal steht. Ein winziges ebenerdiges Gebäude im Ausmaß von etwa fünf mal fünf Metern, mit einem einzigen Raum. Das ganze

Inventar bestand aus einem wackeligen Tisch und zwei Stühlen für die beiden Postbeamten, die dort souverän amtierten. Als ich damals eine größere Anzahl Briefmarken kaufen wollte, brach das Chaos aus. Zuerst einmal holte man von einem nahen Teehaus einen Stuhl sowie eine Tasse Tee für mich. Erst nach langem Palaver, woher ich käme, was ich für einen Beruf und wie viele Frauen und Kinder ich hätte, begann allmählich die Amtshandlung. Die Tischlade wurde geheimnisvoll geöffnet, und der jemenitische Hauptpostamtsleiter legte ein wirres Durcheinander an teils zusammengeklebten Briefmarkenbögen und Einzelmarken vor mich hin, um darin wühlen und aussuchen zu können. Der Jemen hatte auch damals schon wunderschöne Briefmarken, die zum Teil in Österreich gedruckt worden waren. Inzwischen hatten sich zahlreiche Jemeniten in dem Postamt eingefunden, und auch die Gäste des danebenliegenden Teeladens kamen dazu, als sie von der Briefmarkentransaktion hörten. Jeder gab seine Meinung ab und fingerte zusammen mit mir in diesem Markenberg herum, um irgendwelche noch nicht entdeckte Prachtstücke herauszufischen. Als dann etliche Tropfen verschütteten Tees sich zwischen die Marken mischten und alles zu kleben begann, scheuchte der Postdirektor die ungebetenen Helfer vom Tisch, und ich konnte die mitgebrachten großen DIN-A4-Kuverts bekleben. Immer wieder machten mich die Jemenpostler wohlwollend und kopfschüttelnd darauf aufmerksam, daß ich für diese Luftpost Einschreiben-Expreß-Briefe doch nicht so viele Briefmarken benötige. Sie wollten auch nicht glauben, daß es Menschen gab, die Briefmarken in der Art und Weise sammelten. Jede einzelne Briefmarke auf den übervoll beklebten Kuverts stellte den Postdirektor immer wieder vor die spontane Entscheidung – sie berieten zu zweit –, auf welche Markenecke am eindrucksvollsten der Poststempel gedrückt werden sollte. Bevor wir später an die umständlichen Zahlungsmodalitäten gingen, servierte man mir nochmals Tee, und erst dann wurde die komplizierte Addition angefertigt und der Geldbetrag in Empfang genommen. Es war der Umsatz von einigen normalen Wochen dieses Hauptpostamtes, und man flüsterte mir abschließend geheimnisvoll ins Ohr, daß es in Sanaa kein zweites oder anderes Postamt gebe und man morgen sofort ins Postministerium gehen werde, um den Markenrestbestand in der Schublade wieder aufzufüllen, für den Fall, daß ich in nächster Zeit nochmals einen Briefmarkenbedarf haben sollte. Beide Postbeamten begleiteten mich noch höflich bis zur Türe und schüttelten dann amüsiert ihre Köpfe über diesen offensichtlich überflüssigen Briefmarkenkauf des komischen Ausländers, denn für soviel Geld könnte man ja besser etliche Büschel Qat kaufen. Ich blieb für die beiden jemenitischen Postler jedenfalls ein exotisches Rätsel. Zeit spielte damals überhaupt keine Rolle, ein völlig unnützer Begriff, mit dem man nichts anzufangen wußte.

Heute sieht es im Hauptpostamt Sanaa wie in jedem anderen Postamt der zivilisierten Welt aus, wo sich die Menschen vor den verschiedenen Schaltern in Reihen anstellen.

Auf dem Platz der Revolution, vor dem Postamt, fanden früher die Enthauptungen statt, angeordnet vom Revolutionsgericht der jungen Demokratie; ein Strafvollzug, der voll und ganz der islamischen Rechtsprechung (Scharia) entsprach und dem jeweils unzählige Menschenmassen beiwohnten. Es war mehr blutrünstige Unterhaltung als abschreckende Wirkung damit verbunden. Die abgeschlagenen Köpfe der Verurteilten wurden dann auf der Stadtmauer neben dem »Bab el Jemen« aufgespießt, bis sie nachts heimlich von den Verwandten heruntergeholt und mit dem restlichen Leichnam außerhalb der Stadt verscharrt wurden, bevor sich die Aasvögel über sie hermachten. Heute knattern dort Horden von übermütigen halbwüchsigen Motorradfahrern, die sich in diesem Verkehrschaos auch nicht durch die verzweifelt und vergeblich pfeifenden und winkenden Polizisten beeinflussen lassen. Der

Straßenverkehr quillt über, und wer schneller und frecher fährt, hat schon gewonnen. Verkehrsschilder werden kaum beachtet und dienen höchstens zur Dekoration oder als Zielscheibe für die Steinwürfe von Kindern. Sieht man sich diese Fahrzeugmassen genauer an, fällt einem auf, daß es sich zu 99 Prozent um japanische Wagen handelt, und zwar in erster Linie um Toyotas – als wäre man im »Toyotaland«, wie die Werbung es sofort formulierte. Zwischendurch aber sieht man auch die größten und teuersten BMW- und Mercedes-Limousinen, die entweder Regierungsmitgliedern oder schwerreichen Jemeniten gehören.

Als ich die breite Straße entlang spazierte und mir die vollen Auslagen der Geschäfte ansah, stürzte plötzlich ein Jemenite schreiend auf mich zu. Bevor ich in Abwehrstellung gehen konnte, umarmte er mich und schrie mit voller Lautstärke: »Sahafi Nemsaui!« (»österreichischer Journalist«). Er erzählte zuerst allen Umstehenden, woher er mich kannte, erst dann kam ich an die Reihe. Ein alter Freund von einst, mit dem ich lange Zeit unter bitteren Umständen in den Bergen unterwegs war, hatte mich gleich erkannt. Das Wiedersehen feierten wir anschließend im Restaurant meines Hotels. Offiziell ist Alkohol, wie in allen strenggläubigen islamischen Ländern, striktest verboten, aber Spezialisten in den Hotels umgehen die Vorschrift und verschaffen sich mit dem Schwarzverkauf von Getränken führender Alkoholmarken einen erstaunlich hohen Nebenverdienst. Ich mußte wieder an meine ersten Erfahrungen mit der Hotellerie in Sanaa denken.

Nach jener denkwürdigen ersten Landung in Sanaa mit Milo, dem Himmelhund, fand ich auf einem offenen Lastwagen Platz für mich und mein Gepäck und konnte so in das Stadtzentrum fahren. Erst als ich den Flugzeugmotorenlärm nicht mehr in den Ohren hatte, hörte ich die pausenlosen Einschläge von Granaten in der Stadt. Die Royalisten saßen ringsum auf den Bergen und schossen auf die eingekesselte Hauptstadt. Vor allen Geschäften waren zum Schutz Sandsackwälle aufgebaut, und das einzig benützbare »Al-Makha«-Hotel besaß keine Fensterscheiben mehr, da eine Granate im Hinterhof eingeschlagen hatte. Ich war der einzige Gast, und der Hotelmanager sah mich entgeistert an, als ich bei ihm auftauchte und um ein Zimmer bat. Er wollte unbedingt wissen, was ich in dieser verrückten Stadt noch wolle, wo jede Nacht die Royalisten versuchten, von den Bergen zu steigen und in die Stadt einzudringen. Dann verspeisten wir gemeinsam ein kleines Huhn in dem gähnend leeren Gastraum. In jenen schweren Tagen machte der Manager als Einmannteam alles allein. Er kochte, räumte auf, servierte, kassierte und stand meist oben auf dem Flachdach, von wo aus er ganz genau die Einschläge beobachten konnte. Die Royalisten nahmen sich als Ziele immer verschiedene Stadtviertel nacheinander vor, und aus dieser Reihenfolge glaubte mein Hotelier herausfinden zu können, wann sein Hotel wieder an der Reihe sein würde.

Am nächsten Tag suchte ich das Informationsministerium auf, wo man mich hocherfreut in Empfang nahm, war ich doch für dieses Amt ein willkommener Fall, da sich Journalisten damals höchst selten nach Sanaa verirrten. Zuerst wurde ich dem Stellvertreter vom stellvertretenden Minister vorgestellt und später hierarchisch auch dem amtierenden Informationsminister weitergereicht. Meine Papiere wurden überprüft und meine Wünsche entgegengenommen. Die Bürokratie ist in jenen Ländern noch weit ausgeprägter als in unseren Breiten. Alles wird protokolliert und weitergegeben. Die verschiedenen Passierscheine und Bewilligungen werden auf schmale Zettel geschrieben, wobei in erster Linie die Unterschrift des Verantwortlichen zählt und dann erst – wenn überhaupt vorhanden – ein Stempel. Diese schmalen Zettelchen öffnen aber Sperren und Türen, mit ihnen kommt man überall hinein und vor allem auch wieder heraus. Ohne diesen schmalen Papierstreifen stößt man überall auf Mauern. Jene Nächte in Sanaa hätten jeden kitschigen Film bereichern können. Die Stadt lag in völliger Dunkelheit, damit die Royalisten keine

Ziele für ihre Granatwerfer und Kanonen fanden. Unzählige Rudel von Hunden, die jeweils eigene Futter- und Unratreviere verteidigten, streunten durch die Stadt. Die Nacht diente den Royalisten aber auch dazu, in die Hauptstadt einzusickern und so Brückenköpfe für die Nachfolgenden einzurichten, was immer mit heftigen Schießereien endete.

25 Jahre nach der Revolution sieht es ganz anders aus. Waren 1960 im Jemen nur insgesamt 612 Kraftfahrzeuge registriert, sind es heute Abertausende. Gab es früher nur die primitiven Koranschulen, so sind heute 1,5 Millionen Schüler in den Elementarschulen sowie 14.000 Studenten an der neuen Universität, nicht mitgerechnet die 7500 jemenitischen Studenten, die an ausländischen Universitäten studieren. Die Straßen sind mustergültig ausgebaut, wenngleich sich dieses Netz an Asphaltstraßen nicht aus sozialpolitischen, sondern vielmehr aus militärstrategischen und innenpolitischen Erwägungen über das ganze Land ausbreitet.

Jeder ausländische Besucher wundert sich über die offensichtliche Prosperität in diesem Lande und vor allem über die Finanzierungsmöglichkeiten. Sieht man hinter die Kulissen der Geldströme, so wird vieles verständlicher.

Der Jemen war lange Zeit hindurch immer der arme kleine Bruder in der ölreichen arabischen Völkerfamilie. Da es im eigenen Land nicht genügend Arbeitsplätze gab, wanderten die fleißigen und handwerklich äußerst geschickten Jemeniten vor allem in die angrenzenden ölproduzierenden Länder aus, wo es Geld in Hülle und Fülle gab. Ein stolzer Araber, ganz gleich, ob dies ein Saudi, Kuwaiti oder Bewohner der Vereinigten Arabischen Emirate ist, findet es unter seiner Würde, irgendwelche manuellen Arbeiten selbst zu leisten. Das ist ein historischer Dünkel, den das Öl noch gewaltig aufgeblasen hat. Aus diesem Grund holte man sich die billigen »Gastarbeiter« vor allem aus dem Jemen, aber auch Palästinenser und Pakistani arbeiten dort in großer Zahl. Was in unseren

Ländern die Türken sind, das sind in den arabischen Ölstaaten die Jemeniten. Schätzungsweise mehr als eine Million Jemeniten schuften im Ausland, wo sie begehrt und beliebt sind. Sie senden den Verdienst in harten Währungen an ihre Familien im Jemen, was pro Jahr immerhin etwa 1,8 Milliarden Dollar ausmacht. Da die feudalistisch regierten Ölstaaten mit dem linksradikalen marxistischen Südjemen bereits eine höchst unangenehme Laus im politischen Pelz sitzen haben und der Südjemen für die Sowjets eine enorm wichtige Basis für Luftwaffe und Flotte (U-Boot-Stützpunkt) in Verbindung mit dem marxistischen Äthiopien darstellt und auch als ideale politische Drehscheibe für Agitation und Infiltration auf der Arabischen Halbinsel gilt, versucht man mit allen wirtschaftlichen Mitteln, den Nordjemen nicht gleichfalls in diese Richtung abrutschen zu lassen. Eine halbe Milliarde Dollar spendieren deshalb die umliegenden Ölländer jährlich zum Jemen-Staatsbudget, ganz abgesehen von den verschiedenen Entwicklungshilfeprojekten, die nicht nur von arabischen, sondern auch von westlichen Ländern finanziert werden. Dies alles soll nicht heißen, daß der Jemen im Geld schwimmt, sondern diese Faktoren sind Ursache für eine gewisse Stabilität, die es vorher in diesem Land nie gab und die gleichzeitig in bescheidenem Rahmen einen wirtschaftlichen Aufschwung ermöglicht. Im Gegensatz zu dem bis zum völligen Bankrott abgewirtschafteten Südjemen, wo vom einstigen blühenden Aden nichts mehr zu sehen ist, macht heute der Nordjemen Fortschritte auf allen Gebieten der Wirtschaft und des öffentlichen Lebens. Wie eine Fata Morgana beeindruckt der heutige Jemen jeden Besucher, der das Land noch in seinem mittelalterlichen Zustand vor wenigen Jahren kannte.

Imam al-Badr
flüchtet in Frauenkleidern

Imam Ahmed hatte noch vor seinem Tod einen verzweifelten und radikalen Versuch unternommen, um die modernen Ideen aus Ägypten zu unterbinden, indem er alle
Radioapparate von seinen Kriegern konfiszieren ließ, denn
über die Kurzwellen sickerte der neue Zeitgeist in sein
Land herein. Ein zweifelhaftes Bemühen, das sich nur auf
wenige Städte erstreckte. Nicht einmal da gelang es, die
Batteriegeräte einzukassieren, weil deren Besitzer die
Radioapparate an sicheren Stellen versteckten und nur zu
bestimmten Sendezeiten hervorholten und benützten. Die
Stämme und Scheichs im Gebirge kümmerten sich überhaupt nicht um das strikte Verbot des Imams, obwohl
darauf die Todesstrafe stand.

Ägyptens Staatschef Nasser hatte bereits 1960 begonnen, intensive Fäden zum Jemen zu spinnen. Er stützte sich
dabei einerseits auf die Offiziere des Imam-Militärs, denen
er die direkte politische Machtausübung, ohne Imam, im
Land schmackhaft machte, andererseits förderte er geflo-
hene intellektuelle Jemeniten, die in Ägypten Exil gefunden hatten und vom Fortschritt im Jemen träumten. Nasser war in jenen Tagen das panarabische Idol schlechthin,
der aus politischen und strategischen Gründen den Ausgang des Roten Meeres gerne unter seiner direkten oder
indirekten Kontrolle gesehen hätte. Dem sozialistisch
angehauchten Nasser waren die feudalen Autokratien, von
Marokko angefangen bis Saudi-Arabien, Kuwait, Jordanien, die Emirate, das Sultanat Oman und das Imamat
Jemen, ein Dorn im Auge. Die meisten dieser Staaten

begannen aber durch ihre horrenden Öleinnahmen aufzublühen und boten deshalb nur wenig Ansatzpunkte, um
Systemveränderungen herbeizuführen.

Dazu regierte in dieser Zeit der Schah von Persien mit
seiner modernst aufgerüsteten Armee quasi als Ordnungs-
polizist in der Golfregion. Er half dem Sultan von Oman
mit Truppen und Flugzeugen gegen die vom marxistischen
Südjemen aus vordringenden Rebellen. In dieser Gesamt-
konstellation bot sich der arme Jemen, der kein Öl förderte, für Nasser geradezu an. Hinzu kam, daß der Sohn
des verstorbenen Imam Ahmed, al-Badr, zu den Bewunde-
rern Nassers zählte und Nasser bereits mehrere Male in
Kairo besucht hatte. Nasser rechnete jedoch keineswegs
mit dem wohl fortschrittswilligen, aber weichen Imam al-
Badr, sondern setzte auf die Offiziere der Imam-Armee, so
desolat und primitiv sie auch war. In vertraulichen Gesprä-
chen mit führenden Jemeniten disqualifizierte Nasser den
jungen Imam al-Badr ganz offen. Er schätzte ihn ganz
richtig ein, wenn er ihm das Format einer den Staat tragen-
den Führungspersönlichkeit absprach. Der ägyptische
Geheimdienst operierte auf zwei vollkommen getrennt
arbeitenden Linien, die nicht einmal voneinander wußten.
Die Hauptaktion ging von einer Gruppe junger jemenitischer Offiziere, von drei Hauptleuten und fünf Leutnants,
aus, die ihre Militärausbildung in Ägypten erhalten hatten
und ihre Verbindung mit Kairo über den in Sanaa sitzenden ägyptischen Botschafter Abdul Wahid aufrechterhiel-
ten. Der zweite Kanal lief über Oberst Abdullah Sallal, ein
Offizier, der einst gegen Imam Ahmed konspiriert hatte,
aber durch eine langjährige Kerkerstrafe seinen Kopf retten konnte. Nasser empfahl nach Ahmeds Tod diesen
Oberst Sallal nun dem jungen Imam al-Badr, der ihn
unmittelbar nach seinem Amtsantritt als Kommandanten
der Leibgarde und als Militärberater an den Hof holte.
Sallal besaß das uneingeschränkte Vertrauen des Imams, ja
sogar noch mehr, er besaß auch die Schlüssel für die Waf-
fen- und Munitionsdepots in Sanaa. Für die Armee, soweit

man damals davon überhaupt sprechen konnte, reichten Ausrüstung und Munitionsvorrat lediglich für zwei Tage.

Als die Meldung vom Tod des Imams Ahmed in der Nacht des 18. September 1962 durch die Agentur- und Rundfunknachrichten kam, ließ Nasser unmittelbar darauf seinen Geheimdienstchef zu sich kommen. Er wollte die unsichere Situation ausnützen, bevor irgendeine Stabilisierung durch Bemühungen al-Badrs wirksam werden konnte oder sich die großen Stämme eigenmächtig eine innenpolitische Konsolidierung erkämpften. Nasser gab Anweisung, daß die junge jemenitische Offiziersgruppe den Umsturz mit den ihr ergebenen Truppen durchführen sollte, und zwar innerhalb der nächsten Tage. Eine entsprechende Anweisung erging am nächsten Tag an den ägyptischen Botschafter Wahid in Sanaa, der die Nachricht an einen Offizier der Verschwörergruppe weiterleitete.

Kairo wartete jedoch vergeblich auf die Vollzugsmeldung des befohlenen und vom Geheimdienst sorgfältig ausgearbeiteten Putsches. Nach vier Tagen kabelte Wahid verschlüsselt nach Kairo, daß die Offiziersgruppe das Risiko des Losschlagens für zu groß halte, weil ihre Einheiten nicht über ausreichend Munition verfügten, um eine eventuelle längere militärische Auseinandersetzung durchzustehen. Nasser war wütend über die Befehlsverweigerung und den Rückzieher der jemenitischen Revolutionsoffiziere, weil jeder verlorene Tag für ihn das Risiko des Mißlingens größer werden ließ. Man wollte in Kairo jeden Zufall ausklammern, daher fanden Besprechungen zwischen Nasser und dem Botschafter der UdSSR statt, der wiederum mit einer Sondermaschine zu Regierungskonsultationen nach Moskau flog. Nasser wollte seine beabsichtigte militärische Hilfe und den Umsturz politisch absichern, weil einerseits die Briten damals noch im benachbarten Aden saßen und andererseits die USA dem unmittelbaren Jemen-Nachbar Saudi-Arabien hilfreich beistanden, wenn es um Erdölinteressen ging. Von beiden Seiten drohte einer ägyptischen Intervention im Jemen Gefahr.

Imam Ahmeds Tod und sein schwächlicher Nachfolger Imam al-Badr brachten plötzlich ungewollt die Politik auf höchster Ebene in Bewegung. Moskau gab in einem Geheimabkommen die Zustimmung zu Nassers langfristigen Jemen-Plänen. Der Kreml sagte auch verbindlich zu, daß Rußland eine Einmischung Großbritanniens oder der USA in die »innerarabische« Entwicklung nicht dulden würde. Nasser hatte somit freie Hand für die Verwirklichung seines Plans. Er gab Anweisung an seinen Botschafter in Sanaa, »die feigen jemenitischen Revolutionsoffiziere aus ihren Löchern zu treiben«, wie er sich wortwörtlich ausdrückte. Gleichzeitig sollte Wahid die Putschabsicht der Gruppe an den Imam al-Badr verraten, um alle Brükken hinter den Putschisten abzubrechen.

Zu diesem Zeitpunkt stand den acht Putschoffizieren nur mehr die eine Möglichkeit offen, wollten sie nicht hingerichtet werden: sofort und unverzüglich loszuschlagen! Die Flucht nach vorne! Leutnant Ismail, der Kommandant der Verschwörung, gab an seine Freunde am Abend des 26. September 1962 den Befehl, die zwei verfügbaren Panzer und ein Dutzend Lastkraftwagen mit ergebenen Soldaten zum Palast des Imam al-Badr in Marsch zu setzen. Was an Munition greifbar war, nahmen sie mit. Ein Hauptmann richtete einen behelfsmäßigen Befehlsstand ein, während einer der Offiziere sich die Sache im letzten Moment noch überlegte und in einem Frontwechsel zum Imam bzw. zu dessen Oberst Sallal die größten Überlebenschancen sah.

Der Palast al-Badrs liegt in einer unscheinbaren Seitenstraße Sanaas, etwas abseits vom Zentrum, nur mit einer Hausfront an die offene Straße grenzend: ein mehrstöckiger Prachtbau im alten Stil mit einem nicht allzu großen Garten, der, durch eine hohe Mauer getrennt, an zwei private Grundstücke angrenzt. Die Eingangstüre bestand, wie dies bei allen alten jemenitischen Häusern üblich ist, aus starken Bohlen, von innen durch quergeschobene Holzbalken versperrbar. Die schwere Palasttüre war immer von innen verschlossen. Im Erdgeschoß standen und lagen Tag und Nacht zwei Dutzend Soldaten, die wohl schäbige Uniformen, aber moderne Waffen trugen – meist Maschinenpistolen. Sie bekamen die Verpflegung samt Qat-Büschel im Haus ihres Herrn, schliefen hier und wurden alle Monate gegen eine andere Mannschaft aus der Gardekaserne ausgetauscht. Zwei Männer waren vor der Tür, die zum Garten führte, postiert; sie hockten im Schatten auf dem Boden. Nachts befanden sich Hausbewohner und Wachmannschaft ausnahmslos im Hausinneren, auch beim Treppenaufgang standen jeweils zwei Bewaffnete, das letzte Paar jeweils vor dem Raum, in dem sich der Imam gerade aufhielt. Das ebenerdige Geschoß war der Wachmannschaft vorbehalten, in dem Stockwerk darüber befanden sich die Wirtschaftsräume, Küche und Vorratsräume, das darüberliegende Geschoß gehörte den Frauen des Hauses, die obersten und schönsten Räume – die nach allen Seiten durch die breiten Fenster einen Rundblick auf die Stadt erlaubten – waren dem Imam und seinen männlichen Besuchern vorbehalten. Auf der kleinen Dachterrasse stand ein russisches Maschinengewehr mit eingezogenem Patronengurt, das aber meist unbesetzt war, weil der Imam nicht durch die Anwesenheit einer Wache gestört sein wollte.

Der weißgetünchte große Männerraum »Mafradsch« im obersten Stockwerk war mit kostbaren Teppichen ausgelegt, entlang der Wände lagen buntbestickte Polster. Ein grünes Tuch mit einem goldbestickten Koranspruch prangte an der Schmalseite, während in der Mitte des Raumes vier silberne Wasserpfeifen mit einem Gewirr von Schläuchen aufgestellt waren. Schirmlose elektrische Glühlampen strahlten ihr Licht über den sonst schmucklosen Raum. Ein großes, modernes italienisches Rundfunkgerät und ein Telefonapparat standen auf einer kunstvoll geschnitzten Holztruhe, denn an den Nachrichtensendungen der verschiedenen arabischen Radiostationen war al-Badr immer interessiert. Er brach eine Unterhaltung oft abrupt ab, nur um eine bestimmte Nachrichtensendung nicht zu versäumen.

Der Imam saß an jenem Revolutionsabend zusammen mit zwei Offizieren im Männerraum und unterhielt sich angeregt mit seinen Gästen, die er von Jugend auf kannte und die aus vornehmen Familien stammten, über seine Reformpläne in der Armee. Zwei Diener servierten auf breiten Silberplatten dampfenden Reis und eine pikante Fleischbrühe, in der eine Unzahl kleiner fetter Hammelfleischbrocken schwamm. In einem Krug wurde alkoholfreier Traubensaft – der aus den Gärten des Wadi Dahr stammte – gereicht. Als sich die Bediensteten lautlos enfernt hatten, setzte al-Badr das Gespräch fort, dabei seine Freunde zum Essen auffordernd. Unruhig sahen die Offiziere zu den Fenstern hin, als sie das dumpfe Gedröhn und Gerassel von Panzerketten vernahmen. Der Imam versuchte die beiden Offiziere noch zu beschwichtigen, indem er lachend sagte: »Macht euch keine Sorgen! Seit einer Stunde sind wir über die Pläne der Verräter informiert, und ich habe Oberst Sallal den Befehl gegeben, die Garnison zu alarmieren und die Aufrührer beim ersten Versuch abzufangen.«

»Ausgerechnet Sallal!« warf der dem Imam gegenübersitzende Hauptmann ein und ließ sein Mißtrauen ganz offen erkennen.

»Auf Sallal ist Verlaß – er besitzt mein Vertrauen!« schnitt al-Badr jede weitere Bemerkung ab. Das Telefon klingelte schrill, und im selben Augenblick bellten Maschinengewehre auf und feuerte eine Panzerkanone den ersten Schuß auf den Palast des Imams ab. Al-Badr war im ersten Moment wie versteinert, rannte zum Telefon, während beide Offiziere zum MG auf das Dach eilten. Die Panzer standen zu nahe und konnten ihre Geschützrohre nicht so hoch drehen, um das oberste Geschoß des Palastes zu erreichen. Deshalb setzten sie etwas zurück. Die ganze Straße war voll mit aufständischen Truppen, die ziellos ihre Waffen auf die Palastfront abfeuerten. Fensterscheiben klirrten,

Geschoße klatschten in die Mauerwände und warfen Brok-
ken des Verputzes auf die herrlichen Teppiche. Al-Badr
hatte das Telefon erreicht, hob den Hörer ab und vernahm
die Stimme seines Vertrauten.

»Was ist los, Abdullah Sallal? Was ist passiert, warum
haben Sie nicht entsprechende Maßnahmen getroffen? Was
soll das alles? Wo bleiben unsere Leute? Sie hatten von mir
den strikten Befehl, die Aufständischen beim ersten Versuch abzufangen und sofort zu liquidieren!«

Betont ruhig kam es aus dem Hörer: » Gewiß, ich habe
alle erforderlichen Maßnahmen getroffen, ich warte nur
noch auf eine Artillerieeinheit, dann greifen wir diese
Hunde sofort an. Bleiben Sie ruhig, Imam, machen Sie sich
keine Sorgen . . .« Plötzlich riß die Verbindung ab, und
al-Badr bekam auch nach mehrmaligen Versuchen keine
neue Verbindung.

Seine beiden Besucher hatten inzwischen mit dem MG
auf dem Dach das Feuer auf die Straße eröffnet. Der eine
Panzer aber hatte jetzt eine günstige Schußposition erreicht
und erzielte einen Volltreffer, der eine Wand des großen
Männerraumes umlegte. Qualm und Schutt stoben auf, ein
Jubelschrei der Angreifer begleitete den Erfolg. Al-Badr
hatte das Stockwerk fluchtartig verlassen und eilte nach
unten, wo die dicken Steinquadermauern besseren Schutz
gewährten. Verstört sahen seine Wachen auf ihn, als er sie
antrieb, hinter den Fenstern die Verteidigung des Palastes
aufzunehmen und endlich zurückzuschießen. Eine Granate
hatte inzwischen das MG auf dem Dach zum Verstummen
gebracht. Der eine Hauptmann lag tot neben der leerge-
schossenen Waffe. Der zweite Offizier rannte dem Imam
nach und erreichte ihn unten beim Kommandanten der
Wachmannschaft.

Oberst Sallal sah sich plötzlich zwischen zwei Stühlen
sitzen. Er hatte von Kairo die Zusicherung, daß er die
Revolution gegen das Imamat führen sollte. Nun erzählte
ihm der eine übergelaufene Hauptmann der Verschwörergruppe, daß Nasser auf das andere Pferd – von dem Sallal

gar nichts wußte – gesetzt hatte. Den Hauptmann, der ihm diese Information brachte, ließ er für alle Fälle ins Gefängnis werfen, aber er hatte seit dem Telefongespräch, das er mit dem Imam geführt hatte, keinen rechten Überblick mehr über die Lage. Für ihn, Sallal, konnte in den nächsten Stunden alles gewonnen, aber auch alles verloren sein. Er wußte nicht, ob die Aufständischen den Imam-Palast eingenommen und den Imam getötet hatten oder ob die von ihm vorsichtig in Marsch gesetzten imamtreuen Truppen die Sieger waren. Er täuschte die Verteidigung des Imams nur vor – er wollte zuerst vorsichtig abwarten, wie die Erfolgschancen für die eine oder andere Seite standen.

Auch seine Offiziere wußten sich auf die Ereignisse keinen Reim zu machen. Es waren bereits drei Stunden vergangen, ohne daß die Schießerei ein Ende gefunden oder einen Erfolg gezeigt hatte. Einige imamtreue Verbände versuchten sich durch die Straße bis zum Palast durchzukämpfen, blieben aber im Hagel der Panzergeschoße hängen. In dieser kritischen Stunde tauchte Leutnant Ismail – der Führer der Verschwörer – mit verschwitztem, dreckigem Gesicht bei Oberst Sallal auf. An seiner Seite waren zwei Leibwächter mit schußbereiten Maschinenpistolen. Ismail hatte in einem Panzer das Kommando selbst übernommen, um den Angriff zu führen, aber die beabsichtigte Überrumpelung war nicht gelungen, der Palast hatte sich in eine feuerspeiende Festung verwandelt, auch der Imam war anscheinend noch immer am Leben. Jedenfalls hatte man für den gegenteiligen Fall noch keinen Beweis in Händen.

Ismail stellte sich vor den an seinem Schreibtisch sitzenden Oberst und fuhr ihn respektlos an: »Oberst Sallal, öffnen Sie für meine Soldaten unverzüglich die Munitionsdepots! Wir haben nur mehr Munition für eine knappe Stunde. Wenn Sie sich weigern, verlieren wir den Sieg, den wir beinahe schon in der Hand haben! Pfeifen Sie Ihre imamtreuen Leute zurück und lassen Sie uns die schmutzige Arbeit beenden – wir tun es gründlich!« Sallal sah den

energischen jungen Offizier mit seinen beiden schießwütigen Wachen vor sich stehen und wollte Zeit für seine
Entscheidung gewinnen.

»Und wenn ich nicht helfe, Leutnant? Dann dürfte Ihre
Laufbahn vermutlich zu Ende sein!«

»Unsere, Oberst Sallal, ich sage unsere, denn es würde
auch für Sie das Ende bedeuten!« Ismail hatte keine Miene
verzogen, er wußte, daß einzig und allein bei diesem alten
Oberst die Rettung lag. Ergänzend setzte er noch hinzu:
»Die Verantwortung gegenüber Kairo müßten Sie, Oberst,
dann allerdings auch allein übernehmen. Überlegen Sie
nicht lange, jede Minute ist kostbar! Öffnen Sie die Munitionsdepots oder . . .«

Oberst Sallal hatte plötzlich einen Einfall, wie er aus
dieser Lage noch einen Erfolg für sich herausschlagen
könnte. Ihm saß Kairo mehr im Genick als der schweißtrie-
fende, dreckige Panzerleutnant. Mit einem höflichen
Lächeln machte er ein winziges Stück Geschichte des
Jemens: »Ich mache Ihnen einen Vorschlag, Leutnant, der
allen Seiten gerecht wird. Sie sichern mir in der nach dem
Tod des Imams ausgerufenen Republik die Position des
Staatspräsidenten und Regierungschefs zu, und ich öffne
Ihnen die Munitionsdepots für Ihre Soldaten. Außerdem
gebe ich Befehl, daß sämtliche Truppen, die zur Entlastung
des Imams gegen Sie kämpfen, unverzüglich in ihre Kaser-
nen zurückzumarschieren haben. Wie gefällt Ihnen mein
Angebot?«

Imam al-Badr saß immer noch apathisch und verstört
im ebenerdigen Geschoß seines Palastes und wartete vergeblich auf den Entsatz durch Oberst Sallal. Zwei Mann
seiner Wachmannschaft waren durch die Aufständischen
getötet worden, drei weitere Soldaten lagen verwundet auf
dem Boden. Verbandstoff war keiner im Palast, so behalf
man sich mit Tüchern, um die blutigen Wunden zu verbin-
den.

Der noch lebende Gast und Freund – Hauptmann Ali –
trat zu al-Badr und mahnte mit leiser, drängender Stimme:

»Imam, Sie müssen so rasch wie möglich von hier verschwinden. Es wäre Selbstmord, noch länger auf Sallal zu warten. Auf der Gartenseite stehen keine Panzer, und wir können mit unseren Leuten einen Fluchtweg freikämpfen. Hier« – und damit warf er ein kleines Bündel eines rotgemusterten schwarzen Schleierumhanges, wie ihn die jemenitischen Frauen tragen, auf den Tisch vor al-Badr – »das ziehen Sie an, und dann nichts wie weg von hier, bevor es zu spät ist. Ich bringe Sie in den Norden zu den Bakil . . .«

Benommen starrte al-Badr abwechselnd das vor ihm liegende Kleiderbündel und den Sprecher an. Ali war der Sohn eines einflußreichen Bakil-Scheichs in den nördlichen Bergen. Es schien keinen Sinn mehr zu haben, auf ein Wunder oder auf Sallal zu warten, draußen wartete der Tod auf ihn. Ali nahm den Imam am Arm, eine Geste, die er sich unter normalen Umständen nie hätte erlauben dürfen, und zog den noch immer Widerstrebenden zum Umkleiden in einen Nebenraum. In der Zwischenzeit zog auch Ali seine Uniform aus, schlang hastig einen Turban um seinen Kopf und streifte den sarongartigen Rock (Futa), die jemenitische Kleidung, die auch in den südlicheren Gebieten getragen wird, über. Er übernahm die Führung und die Initiative.

Mit dem Kommandanten der Wache besprach er kurz den Ausbruch und das dazu erforderliche Ablenkungsmanöver. Alle Lichter wurden gelöscht, nur wenige Soldaten blieben an den Fenstern der Straßenseite. Mit der restlichen Gruppe schlichen der Kommandant und Hauptmann Ali zur Gartentür, die verschleierte Gestalt des Imams al-Badr in ihrer Mitte. Es war eine stockdunkle Nacht, nur die tödlichen Schüsse mahnten an die Wirklichkeit.

In der einen Gartenecke startete auch schon das Ablenkungsmanöver, während Ali und der Imam auf der anderen Seite unbemerkt über die Mauer kletterten, einen Garten des Nachbarhauses gebückt durcheilten, über eine weitere niedere Mauer turnten und nach einigen Zickzackläufen auf einer menschenleeren Nebenstraße Sanaas standen.

Ali zog mit seinem prominenten Flüchtling eilig weiter, mied jede breite Straße und ließ den Imam schließlich bei einem Brunnen einige Minuten allein. Aus einem düsteren Hof, der durch ein kleines offenes Fenster notdürftig erhellt war, zog er kurz darauf einen struppigen schwarzen Esel. Mit dem Esel sahen sie unverdächtig wie ein jemenitisches Ehepaar vom Land aus, als sie auf Schleichwegen in nördlicher Richtung die Hauptstadt verließen und sich einen Weg in das nahe Gebirge suchten. Noch lange hörten sie hinter sich den Kampflärm, bis die Schießerei schwächer und schwächer wurde und schließlich ganz verstummte. Beim Morgengrauen riß sich al-Badr wütend die Frauenmaskerade vom Leib und schlüpfte in seine mitgenommenen Imam-Kleider. Schweigend schritt er neben Ali und dem Esel, wobei er Mühe hatte, das Tempo zu halten. Körperliche Strapazen war der Imam nicht gewohnt, aber nun ging es immerhin um sein Leben.

Für einen jemenitischen Krieger gilt es als jämmerliche Schmach, aus Feigheit vor dem Feind in Frauenkleidern zu flüchten, anstatt zu kämpfen und notfalls im Kampf zu sterben. Imam al-Badr verbot deshalb seiner Umgebung in den nachfolgenden Jahren, über dieses Thema jemals zu sprechen. Doch etwas war durchgesickert und hat sein Image auf beiden Frontseiten im Jemen schwer angeschlagen. Freund und Feind belächelten ihn mehr oder minder. Al-Badr hat während seiner Reise in den Norden den schwarzen Frauenschleierumhang eigenhändig verbrannt, als wollte er damit diesen Schandfleck, diesen Makel ein für allemal tilgen.

An der Nordgrenze des Jemen wurde Imam al-Badr mit einer saudiarabischen Militärmaschine zu Besprechungen nach Riad geholt, wo Hilfeleistungen vereinbart wurden. Eine der Bedingungen der Saudis war jedoch, daß der Imam größtenteils bei seinen imamtreuen Stämmen im Jemen und nicht im sicheren Ausland blieb. »Imamtreu« ist ein übertriebener Ausdruck, denn der Jemenite und auch der Scheich oder Stamm kennen den Begriff der »Treue«

als solchen nicht. Das Kriegshandwerk war seit jeher eine durchaus ehrenwerte und manchmal sogar die einzige Verdienstmöglichkeit. Die Größe eines Stammes wird daher von der Anzahl seiner Gewehrträger bestimmt, wobei als »Mann« auch zwölfjährige Jungen angesehen werden, die auch tatsächlich schon in die Kämpfe zogen. Andererseits marschieren bei solchen Mobilmachungen auch die ältesten Opas, die noch einigermaßen ein Gewehr tragen können, mit. So werden Stämme buchstäblich eingekauft oder gemietet, und zwar zeitbegrenzt mit einem Durchschnittssatz von 5 Rial pro Tag und Gewehrträger. Bei Kampfhandlungen wird der doppelte Tagessatz bezahlt. Wer mehr und länger zahlt, für den wird geschossen und gestorben. Das heißt aber auch mit anderen Worten, daß es durchaus nicht als unehrenhaft gilt, wenn sich ein so gemieteter Stamm – eine uralte Art und Form des Söldnertums – plötzlich auf die andere Seite schlägt, sobald er vom bisherigen Feind ein besseres finanzielles Angebot bekommt und annimmt. Oft spielen dabei nicht nur das Geld, sondern auch gelieferte Waffen eine ausschlaggebende Rolle, wie es in diesem jemenitischen Bürgerkrieg – im Kampf zwischen Republikanern und Royalisten – der Fall war. Die Waffe war noch bis vor wenigen Jahren ein Statussymbol für jeden Jemeniten, man sah kaum einen Mann ohne einen »Schießprügel«, manche hatten in ihren Häusern – wie ich sehen konnte – sogar sieben oder acht verschiedene Gewehre an den Wänden hängen. Was bei uns ein Mercedes ist, das ist dort eine russische Kalaschnikow in Fallschirmjägerausführung mit klappbarer Kolbenstütze oder ein NATO-Gewehr. Was jedoch auf keinen Fall fehlen darf, das ist der jemenitische Krummdolch (Dschambija), der senkrecht vor dem Bauch getragen wird. Diese breitklingige und scharfe Waffe war früher immer für den Nahkampf verwendet worden und eignet sich, wie mir ein bärtiger Scheich treuherzig mit den entsprechenden Handbewegungen versicherte, ganz besonders gut für das Durchschneiden von Kehlen. Speziell alte Dschambijas können unvorstellbar wertvoll sein und den Gegenwert eines Luxusautos erreichen, wobei es hauptsächlich auf den Griff ankommt, wie und womit dieser kunstvoll bearbeitet worden ist. Ziselierte Silberscheiden und breite Gürtel mit aus Silber- oder Goldfäden eingestickten Koransprüchen spielen bei der Bewertung gleichfalls eine ausschlaggebende Rolle. Wie sehr der Jemenite schon immer mit der Waffe verbunden war, geht auch aus der Tatsache hervor, daß man selbst heute noch verschiedentlich in abgelegenen Bergdörfern Patronen als Geldwährung antrifft, was noch vor wenigen Jahren im ganzen Jemen üblich war. Heute ist laut Gesetz der Regierung das Tragen von Schußwaffen verboten. In den Städten hält man sich einigermaßen daran, aber im Landesinneren schert sich kein Teufel um dieses Gesetz.

Radio Sanaa meldete am nächsten Morgen in kurzen Intervallen immer wieder: »Imam Mohamed al-Badr al-Mansur Billah – der letzte Imam des Jemens – ist in der Nacht getötet worden. Ab sofort gibt es nur mehr eine ›Arabische Republik Jemen!‹ Der Imam ist tot! Es lebe die Republik! Nie wieder ein Imam!« Dröhnende ägyptische Militärmusik untermalte diese sensationelle Meldung eindrucksvoll und verbreitete sie in Windeseile über das ganze Land. Seit Menschengedenken herrschten die Imame, nun sollte damit Schluß sein? Besonders für die Stammesscheichs brachen schwere Zweifel an, weil diese »Republik« eine Bedrohung ihrer Machtstrukturen bedeutete. Unterhändler von beiden Seiten, von Sanaa und von der Nordgrenze, waren eilig mit Geldsäcken unterwegs, um sich die Stämme zu sichern und zu kaufen. Schon nach wenigen Tagen wurde unweit der jemenitischen Nordgrenze in Saudi-Arabien ein royalistischer Radiosender installiert, über den der bereits totgesagte Imam al-Badr seine drohenden und bittenden Reden hielt und die Stämme mit Zuckerbrot und Peitsche ermahnte, dem Imamhaus die Treue zu bewahren und die verräterischen Republikaner zu bekämpfen, zu vertreiben und zu töten.

So einfach ließ sich dieser Umsturz aber weder für die eine noch für die andere Seite bereinigen, denn im Jemen zeigte sich bald eine fluktuierende Polarisation. Zwei Fronten rissen im Land eine blutige Kluft auf, und diese Entwicklung ließ sich nicht mehr bremsen, weil direkt und indirekt auch ausländische Mächte als »Helfer« auftraten . . .

Hochzeit mit Qat und Kalaschnikow

Für den nächsten Tag erhielt ich von einem jemenitischen Freund die schriftliche Einladung für eine Hochzeitsfeier im Hotel Sheraton in Sanaa. So etwas hatte ich bisher noch nie gesehen und sagte deshalb gerne zu, weil dies eine einmalige Gelegenheit war, zu der man als Ausländer selten eingeladen wird.

Der Vater des Bräutigams stammte zwar aus einem Dorf in der Nähe von Taiz, gehörte einst zur Leibwache des legendären Staatschefs General Hassan al-Amry, entschloß sich aber aus naheliegenden Gründen, die Hochzeit für seinen Sohn in der Hauptstadt Sanaa auszurichten. Die eigentliche Hochzeitszeremonie findet unter Ausschluß der Öffentlichkeit, nur im Beisein der engsten Familienangehörigen der Brautleute statt, und die anschließenden Hochzeitsessen werden getrennt für die Gäste der Braut und die des Bräutigams arrangiert. Brautgäste der Braut sind nur Frauen und Mädchen; Brautgäste des Bräutigams sind ausschließlich Männer. Während der Bräutigam mit etwa 60 geladenen Gästen in einem separaten Speisesaal üppig feierte, speiste die Braut mit ihren Gästen und Freundinnen im selben Hotel ein Stockwerk höher völlig für sich allein. Männlein und Weiblein blieben streng voneinander getrennt für sich, so, wie es der jahrhundertealte Brauch vorschreibt. Erst spät in der Nacht treffen die beiden Brautleute in ihrem Schlafzimmer zusammen.

Bezahlen muß eine kostspielige Hochzeit mit allen ihren Veranstaltungen grundsätzlich der Vater des Bräutigams allein. Die Hochzeit eines Sohnes ist unumstritten das größte Familienfest. So wird dabei nicht im geringsten gespart, im Gegenteil – koste es, was es wolle –, notfalls werden auch noch horrende Schulden gemacht.

Warum in diesem Falle die Hochzeitsfeier nicht im biederen Heimatdorf, sondern vielmehr die Gäste nach der 200 Kilometer entfernten Hauptstadt Sanaa, noch dazu in das teure Sheraton-Luxushotel, eingeladen wurden, hat einen höchst einleuchtenden, wenn auch paradox erscheinenden Grund: Es kommt im Sheraton wesentlich billiger. Die Kosten belaufen sich höchstens auf ein Viertel oder Fünftel der Summe, die eine Dorffeier verursachen würde. Derartige Festlichkeiten im Heimatdorf dauern gewöhnlich einige Tage und haben zwangsläufig zur Folge, daß nicht nur die Bewohner des eigenen Dorfes, sondern auch Leute umliegender Dörfer zum Fest erscheinen, wobei es als nicht vorstellbare Unhöflichkeit und ärgste Beleidigung angesehen würde, einen nicht direkt eingeladenen Gast abzuweisen. Halbe Hammelherden müssen deshalb bei solchen Anlässen geschlachtet werden, ganz abgesehen von den anderen Kosten der Feier.

Die engsten Verwandten empfingen die Hochzeitsgäste bereits in der Hotelhalle und führten diese dann ein Stockwerk höher in einen reservierten Speisesaal, wo der rüstige alte Bräutigamvater das Bedienungspersonal des Sheraton in souveräner Weise dirigierte, damit keiner der Gäste zu kurz kam und die ihm gebührende Aufmerksamkeit erfuhr. Die Tische bogen sich buchstäblich unter der Last der köstlichen jemenitischen Speisen aller Art. Trotz Luxushotel wird nach arabischer Art mit den blanken Fingern zugelangt, und das kostbare Silberbesteck bleibt unberührt liegen. Da muß sich auch dieses Nobelhotel genau nach den Bräuchen und Traditionen seiner Gäste richten und nicht umgekehrt. Es gibt keine westliche Küche, die es mit der jemenitischen Kochkunst samt ihrer Auswahl, Vielfalt, Würze und Köstlichkeit aufnehmen könnte. Das ist orientalische lukullische Perfektion schlechthin.

Der strahlende Bräutigam war festlich gekleidet, er trug über der Schulter eine glänzende rote Schärpe, und sein Vater setzte ihm zwischendurch immer wieder einen grünen Blätterkranz auf dem Haupt zurecht. Etwas fiel mir jedoch auf: Der junge Mann hatte sogar bei seiner Hochzeit die russische Kalaschnikow unmittelbar neben sich auf dem Boden liegen. Es gab zwar nicht die geringste Gefahr in diesem Hotel, aber zum Zeichen seiner Manneswürde und als Statussymbol hatte er seine Waffe selbst bei diesem höchst zivilen Familienfest bei sich. Nicht nur er übrigens, sondern auch fast alle seine Gäste.

Normalerweise werden die Hochzeiten von den beiden Familien eingefädelt und vereinbart, ohne daß sich die zwei Hauptbeteiligten auch nur gesehen haben. Allerdings sind Ehen gegen den Willen des Mädchens in der Praxis kaum üblich und gesetzlich auch nicht mehr zulässig. Die Mutter und die Schwestern des jungen Mannes kennen und beschreiben die Auserkorene blumenreich, soweit dies Aussehen, Wesen und die Kenntnisse des Mädchens betrifft. Umgekehrt informieren sie auch das Mädchen. Nicht nur im ländlichen Bereich, sondern sogar in den Städten ist diese Art des Zustandekommens von Heiraten heutzutage noch üblich. Der Brautpreis für das Mädchen muß zwischen den beiden Familien ausgehandelt werden, wobei es manchmal zu Feilschereien wie beim Viehhandel kommt. Maßgebend für die Höhe des Brautpreises sind das Ansehen der Brautfamilie, das Alter, die Schönheit und die Kenntnisse des Mädchens. Im Schnitt beträgt der Brautpreis umgerechnet zwischen 7000 und 15.000 DM. Es gibt aber Fälle, wo er weit über oder unter diesen Summen liegt. Ist der Handel perfekt und der volle Brautpreis bezahlt – Ratenzahlungen sind nicht gern gesehen –, so gilt dies als offizielle Verlobung, auch wenn die Mädchen erst im Kindesalter von 12 oder 15 Jahren sind und die Hochzeit für spätere Jahre angesetzt wird. Ab dem Augenblick der Verlobung dürfen die beiden Verlobten nicht den geringsten direkten oder indirekten Kontakt miteinander haben. Sie dürfen sich nicht sehen und nicht sprechen, selbst Briefe zu schreiben ist verpönt. Falls der Verlobte die verschleierte Auserwählte gelegentlich im Beisein von allen Familienangehörigen einige Minuten sehen oder vielmehr erahnen kann, so gilt dies bereits als äußerste liberale Ausnahme. Grundsätzlich muß die Braut bei einer Erstehe noch unberührte Jungfrau sein und darf keinerlei voreheliche Geschlechtserfahrung haben, weil sonst der ganze Handel hinfällig wäre und der Brautpreis zurückgezahlt werden müßte. In diesem Punkt kennt man keinen Pardon oder gar Kompromisse.

Der Brautpreis wird von den Eltern der Braut meist umgehend in Goldschmuck für die junge Frau investiert, was ihr im Notfall, etwa bei einer Scheidung, einen finanziellen Rückhalt und Notgroschen garantiert. Es hat den Anschein, daß es sich dabei um eine soziale Sicherstellung der rechtlich benachteiligten Frau handelt.

Besonders einflußreiche Familien der führenden Schichte fordern überhaupt keinen Brautpreis, was als außergewöhnlich vornehm und korankonform gilt. Solche Ehen fußen auf standesgemäßen Vereinbarungen und kommen nur für gleichrangige Familien in Frage. Gerade auf diesem Gebiet wird oft Macht- und Stammespolitik in raffiniertester Form praktiziert, was sogar Kriege oder Konflikte erspart hat oder höchst lukrative Fusionen von Wirtschaftsinteressen ermöglichte.

Die Ehe mit mehreren – bis zu vier – Frauen, die im Islam laut Koran gesetzlich erlaubt ist, trifft man im Jemen nur mehr zu einem geringen Prozentsatz an, was meist finanzielle Gründe hat, weil jede der Frauen Anspruch auf einen eigenen Haushalt besitzt und keine der Frauen in der Lebensführung oder bei Geschenken bevorzugt werden darf.

Die Scheidung demonstriert die rechtliche und gesellschaftliche Benachteiligung der Frau deutlich. Der Mann kann sich jederzeit ohne gerichtliches Urteil von seiner Frau scheiden, während die Frau eine Scheidung bei

Gericht fordern muß, was aber nur dann Erfolg hat, wenn sie von ihrem Ehemann mißhandelt oder nicht versorgt wird oder wenn sie von ihrem Mann einige Jahre hindurch allein gelassen und verlassen wurde. Nach einer Scheidung kehrt die Frau wieder zu ihrer Familie zurück, was für sie keine Schande darstellt. Vier Monate lang muß die geschiedene Frau von ihrem Mann weiterhin entsprechend versorgt werden. Geschiedene Frauen, auch mit Kindern, können nochmals heiraten, wenn sie noch nicht zu alt sind, doch beträgt dann der Brautpreis nur mehr die Hälfte der üblichen Forderung.

Aber auch bei diesen streng konservativen Regelungen macht sich bereits ein Wandel bemerkbar, denn viele jemenitische Mädchen studieren oder haben eine fachliche Ausbildung für einen Beruf, mit dem sie sich ihren eigenen Lebensunterhalt verdienen. Damit sichern sie sich eine gewisse familiäre Unabhängigkeit. Eine aufgeschlossenere Denkungsart mit Vorbildern aus fortschrittlicheren arabischen Ländern, die durch das Fernsehen, Filme und Videokassetten in jemenitische Familien sickern, schafft Mut und Anstoß für Veränderungen. Diese bleiben dennoch eine Frage der Bildung, da sie nur möglich sind, wenn sich junge Menschen auf der Universität oder im Berufsleben kennenlernen und ohne Einfluß ihrer Familien heiraten.

Ganz allgemein ist die Frau in der islamischen Welt für die Familie in engherzigster Weise »vorprogrammiert«, obwohl es gerade in der jemenitischen Region und Geschichte eine ganze Reihe von hervorragenden Frauen als Herrscherinnen gab. Am bekanntesten ist wohl die Königin von Saba (Marib), die sogar im Koran genannt wird, aber auch die Königin von Arwa sowie die Politikerinnen Dar asch-Schams und Bahjat Salah werden neben anderen in der alten Literatur erwähnt. Sie alle vermochten sich in der jemenitischen Männerwelt entschieden durchzusetzen. Allgemein gesehen war es besonders in den ländlichen Gebieten Mädchen manchmal erlaubt, die Koranschulen zu besuchen, aber auch da blieben sie in einer verschwindenden Minderheit. Schule und Bildung wurden für das weibliche Geschlecht als überflüssig angesehen, manchmal sogar für ausgesprochen schädlich. So blieben die Frauen in unentrinnbarer Abhängigkeit von ihren Männern, ohne eigene Persönlichkeitsentfaltung. Sie mußten nicht nur für den Mann bedingungslos zur Verfügung stehen, hatten die Kinder zu gebären und blieben neben der Erziehung der Kinder und neben dem Haushalt auch noch für die Feldarbeit, den mühseligen Wassertransport, die Holzeinsammlung und Betreuung der Tiere verantwortlich.

Mädchen ab einem bestimmten Alter (Menstruation) und Frauen müssen den Schleier tragen, den es in verschiedenen Ausführungen und meist in Schwarz gibt. Je nach der betreffenden islamischen Glaubensrichtung müssen bestimmte Körperpartien der Frau für die allgemeine Umgebung und Öffentlichkeit unsichtbar bleiben, was so weit geht, daß in manchen Fällen sogar die Hände bedeckt sein müssen. Es gibt heute noch arabische Länder, wo Frauen keine Führerscheinprüfungen ablegen dürfen und wo Frauen in ihren Reisepässen keine Fotos haben, weil es dort als frevelhaft gilt, ein unverschleiertes Frauengesicht abzubilden und dann in ein öffentlich vorzeigbares Dokument zu kleben, das jeder Polizist einsehen kann.

Im Jemen haben sich bezüglich der Rechte für die Frauen schon während der Imam-Zeit geringfügige Lockerungen ergeben, indem man zum Beispiel Krankenschwestern ausbildete oder Frauen in der ersten, von den Chinesen erbauten jemenitischen Textilfabrik arbeiten ließ – allerdings mit verhüllten Köpfen, nur der Augenstreifen blieb frei. Diese für damalige Begriffe freizügige Lockerung entsprang aber keiner liberalen oder fortschrittlichen Einstellung, sondern diese Arbeit wollten Männer nicht mehr verrichten. Nach der Revolution 1962, als die Bildung auch den Mädchen freigestellt wurde, änderte sich viel in der Frage des Schleiertragens. Frauen stehen heute im Jemen oftmals in einflußreichen Positionen ohne

Schleier, mit offenem Gesicht. In der »Nationalen Charta« wurde das Recht der Frauen auch gesetzlich festgelegt, indem man eine soziale und arbeitsrechtliche Gleichstellung versuchte. Männer und Frauen haben bei gleichwertigen Arbeitsplätzen die gleichen Rechte, auch beim Lohn. Das hört sich natürlich sehr gut an, aber in der Praxis vermochten dies nicht einmal die fortschrittlichsten Industrieländer zu verwirklichen. Außerdem baute man Schutzbestimmungen ein. Frauen dürfen bei schwersten oder gesundheitsschädlichen Arbeiten nicht eingesetzt werden. Zwischen 18 Uhr und 6 Uhr herrscht striktes Arbeitsverbot für Frauen, weil sie der Ruhe bedürfen und ihre Arbeit für die Familie verrichten müssen. Der Karenzurlaub für Mütter beträgt 70 Tage, wobei 40 Tage nach der Geburt des Kindes liegen müssen. Während des Karenzurlaubes muß der Arbeitgeber 70 Prozent des Lohnes an die Kindesmutter bezahlen.

Daneben existiert auch eine Frauenrechtsvereinigung, die eifrig zusätzliche Rechte fordert, wobei besonders hervorsticht, daß die Frau im Falle des Todes ihres Ehemannes einen Sonderurlaub von 130 Tagen bei vollem Lohn erhalten soll. Dieser Punkt stößt in Regierungskreisen und in der Öffentlichkeit allerdings auf Unverständnis und harten Widerstand. Das Mindestheiratsalter für Frauen wurde inzwischen gesetzlich auf 15 Jahre und bei Männern auf 16 Jahre herabgesetzt, was unter den dortigen islamischen Verhältnissen bereits einen offensichtlichen Fortschritt darstellt. Immer mehr drängen Frauen zum Universitätsstudium im Lande selbst, und zahlreiche Jemenitinnen studieren an ausländischen Universitäten, sowohl im arabischen Sprachraum als auch in verschiedenen westlichen Ländern. Die Frauen sollen in den Arbeits- und Produktionsbereich eingegliedert werden, darüber hinaus kandidieren Frauen bereits in der Kommunal- und Landespolitik erfolgreich, sie sind in der öffentlichen Verwaltung und auch in den Gewerkschaften vertreten. Und diese Tendenzen sind steigend. Heutzutage ist die charmante unverschleierte Jemenitin Bilqis al-Hadrani, Mitglied des Parlaments sowie Abteilungsleiterin im Zentrum für Jemenitische Studien, richtungweisendes Vorbild für die jemenitische weibliche Jugend, um zu erkennen, wohin der künftige Weg führt. Diese Entwicklung hat aber zwangsläufig zur Folge, daß die absolute Autorität der patriarchalischen Familien und Clans beachtlich ins Wanken gekommen ist und sich junge Frauen aufgrund ihrer Bildung in den letzten Jahren eine bis dahin unbekannte Selbständigkeit erkämpften, die es in vielen anderen islamischen Ländern in dieser Form und in dem Umfang bis heute noch nicht gibt. Für einige orthodox-rückständige, feudalistische oder fundamentalistische Islamstaaten bildet der Jemen deshalb ein nahezu abschreckendes Beispiel. Der Gleichberechtigungsprozeß für die jemenitischen Frauen hat erst begonnen, kann aber andererseits nicht mehr gebremst oder gar verhindert werden. Fast hat man den Eindruck, daß dieses einst mächtige und angesehene Reich der Königin von Saba nach einem jahrtausendelangen Schlaf wieder zu erwachen beginnt.

Das Hochzeitsfestmahl hatte einige Stunden gedauert, immer wieder wurden riesige Platten mit den erlesensten Speisen rundum gereicht, die zu einer ausgelassenen Stimmung unter uns Festgästen beitrugen. Der Brautvater griff immer wieder wohlwollend autoritär ein, wenn der eine oder andere Gast versuchte, mit dem Schmausen aufzuhören, und reichte eigenhändig die besten Fleischbrocken. Hohe Luftwaffenoffiziere und angesehene Stammes-Scheichs saßen neben biederen und stolzen Bauern schmatzend beisammen. Das Fett rann aus den Mundwinkeln und tropfte von den immer wieder zugreifenden Fingern. Das Sheraton-Hotel mit seinen besten jemenitischen Köchen hatte da Perfektes geleistet. Mir wurde völlig klar, daß die beste französische oder Wiener Küche von diesen jemenitischen Kochkünsten weit übertroffen wurde. Eine Palette von Mehlspeisen sowie Körbe mit frischen Früchten des Landes bildeten den Abschluß. Erst dann reichte man die

Schüsseln mit Wasser zur Reinigung der Hände. Das war aber keineswegs das Ende für die Hochzeitsmännergesellschaft, sondern nach dieser »Pflicht« kam gleich anschließend noch die »Kür« des Festes. Der Brautvater klatschte einige Male ungeduldig und energisch mit seinen Händen und trieb das Bedienungspersonal zur Eile an, die Reste des Mahles raschest abzuservieren. Alle Gäste setzten sich in Marsch und verließen in kleinen Gruppen den reservierten Speisesaal, um über einen langen Gang zum Qat-Raum zu marschieren. Der große Raum – »Mafradsch« – wies keinerlei Einrichtungen auf, sondern hatte auf dem Boden einen riesigen kostbaren Teppich in der Mitte, und entlang der Mauer lagen ohne Zwischenräume dicke Sitz- und Rückenlehnpolster, wo unsere ganze Hochzeitsgesellschaft bequem Platz fand. Qat ist eine heikle jemenitische Spezialität besonderer Art, die wie eine Seuche im ganzen Land verbreitet ist und unmöglich ausgerottet werden kann . . .

Qat – das Bier der Jemeniten

Die Männer verteilten sich auf die Polsterplätze, und eine ausgelassene Stimmung der Vorfreude machte sich breit. Ganz vorne an der Schmalseite nahm der Bräutigam Platz, unweit von ihm saß ein Gitarrespieler, und als einziger Mann stand aufrecht der Bräutigamvater, der sich davon überzeugte, daß jeder seinen Platz im Qat-Raum gefunden hatte. Da öffnete sich die Türe nochmals, und zwei Männer brachten riesige Qat-Büschel herein, die – wie in einem Kuhstall das Heu – gleichmäßig an alle Männer verteilt und von diesen freudig in Empfang genommen wurden. Die Menge reichte allerdings nicht aus, so griff der Gastgeber nochmals in seine Tasche und holte ein ganzes Bündel von Banknoten heraus, die er den Männern in die Hand drückte, um den fehlenden Qat-Nachschub zu bestellen. Nun konnte das Hauptereignis dieser Hochzeitsfeier beginnen.

Die verschiedenen arabischen Namen wie Kat, Kath, Chaat, Quat, Qat oder Ciat bedeuten dasselbe: Am Tana-See in Äthiopien heißt es Kut es Salahin, und in Kenia sagt man Mira dazu. Es handelt sich um die Laubblätter eines unscheinbaren grünen Strauchgewächses, das bis zur Baumgröße gedeihen kann, in der Botanik »Catha edulis« benannt wird, zur Familie der Zelastrazeen gehört und im nördlichen Ostafrika, aber speziell im Jemen vorkommt. Die jüngsten und saftigsten Blätter dieses Strauches werden stundenlang gekaut, ohne sie zu schlucken oder auszuspucken. Die Qat-Blätter schmecken etwas bitter, ihre anregende Wirkung wird dem Alkaloid »Celastrin« zugeschrieben. Die Jemeniten behaupten, daß Qat auf den menschlichen Geist eine äußerst anregende und belebende Wirkung ausübt und eine leicht euphorische Stimmung während des Genusses der Blätter auftritt, was man rein äußerlich an den glasig-glotzenden Augen der Qat-Kauer deutlich erkennen kann. Bei den ersten Versuchen wartet man als Neuling vergeblich auf eine »Rauschgift«- oder »Drogen«-Wirkung, doch verursachen die Blätter nur ein heftiges Durstgefühl. Es wird deshalb zum Qat auch reichlich Flüssigkeit aller Art getrunken. Meist ist es Quellen- oder Mineralwasser, aber ich kam auch in Qat-Runden, wo schärfste Alkoholgetränke zusammen mit den Blättern konsumiert wurden, obwohl dies der Koran streng verbietet. Ärzte und Drogenexperten be- und verurteilen den Qat-Genuß unterschiedlich. Die einen sprechen von einem absolut harmlosen Anregungs- und Zerstreuungsmittel – sozusagen dem Bier der Jemeniten –, während die anderen von einem äußerst schädlichen Suchtmittel und einer wahren Volksseuche reden. Zwei amerikanische Ärzte haben sich studienhalber zwei Monate lang permanent in jemenitischen Qat-Runden herumgetrieben und fleißig Notizen machend mitgekaut. Ihre Untersuchungs- und Testergebnisse fielen mager aus. Was sie an sich selbst feststellten, hatte absolut nichts mit dem Genuß irgendeiner Droge zu tun. Nach der relativ kurzen Gewöhnung konnten im Blut sowie in den Organen medizinisch auch keinerlei krankhafte Veränderungen registriert werden.

Fest steht allerdings – und das ist unbestritten –, daß sich bei längerem oder ständigem Qat-Genuß Appetitlosigkeit einstellt, und speziell die Magenwände, Leber und Niere werden durch Qat in steigendem Maß angegriffen. Mag sein, daß dies auch einer der Gründe dafür ist, daß man im Jemen nur schmächtige oder dürre Menschen antrifft und kaum jemals einen wirklich dicken Mann. Trotz aller Bagatellisierungen und pseudowissenschaftlichen Verharmlosungen handelt es sich bei Qat um eine wahre Volksseuche, die der Gesundheit keineswegs förder-

lich ist, sondern sowohl aus medizinischer wie auch volks-
wirtschaftlicher Sicht ein anscheinend unausrottbares Übel
für das ganze Volk darstellt. An jedem Nachmittag gleicht
der ganze Jemen ab etwa 14 Uhr einer unübersehbaren
Masse von Wiederkäuern. Ganz gleich, wohin man auch
kommt, ob in ein Amt, in ein Geschäft, in ein Privathaus
oder ein öffentliches Lokal, ob man Ministern, Generälen
oder Kameltreibern begegnet – alle kauen stundenlang
diese grünen Blätter, die Männer ebenso wie die Frauen
und verschiedentlich auch schon Jugendliche. In den Tor-
bögen der Läden, auf schattigen Hausterrassen, auf Teppichen und Polstern, in den »Mafradsch«, auf den offenen
Straßen, im Schatten von Bäumen oder in den Zelten der
Beduinen hocken die Qat-Runden beisammen, meist mit
Wasserpfeifen und Getränken versehen. Immer mehr Blätter werden in den Mund geschoben und zu einem grünen
Gatsch zerkaut, der dann mit der Zunge zu einem Knollen,
so groß wie ein Tischtennisball, geformt und von einer
Backe in die andere geschoben wird, was geradezu krank-
haft aussieht wie ein böses Geschwür, das jeden Moment
aufbrechen könnte. Die Gesichter wirken dadurch ent-
stellt, und man muß höllisch aufpassen, weil überall die
grünen Saftfontänen in hohen Bögen aus den Qat-Mün-
dern sprühen und man leicht etwas davon abbekommt.
Immer wieder wird der blättervolle Mund mit Flüssigkeit
gefüllt, um die Kauerei zu erleichtern und um nachher
wieder auf die erwähnte Art entleert zu werden. In den
vornehmeren Häusern oder Hotels werden kostbare
Spucknäpfe aus Messing, Kupfer oder sogar Silber, wahrli-
che kleine Kunstwerke, an den strategisch wichtigen Positionen aufgestellt, um so die Fontänen auffangen zu können. Sonst landet dieser nicht sehr appetitliche Sprühregen
irgendwo auf dem Boden, wo sich jemand ahnungslos hin-
setzen will. Die Männer werden allmählich heiter, redselig
und sind mit dem glasig-glotzenden Blick in weiten Fernen. Sie scheinen das Leben wunderbar zu finden. Ab und
zu noch ein Zug durch einen Schlauch der Wasserpfeife,

und die Glückseligkeit scheint sich zu verdoppeln. Qat ist nicht nur ein Ritual, sondern auch eine Institution, auf die keiner verzichtet. Während der Kampfhandlungen wurden oft die Schießereien von beiden Seiten zur Qat-Zeit am Nachmittag unterbrochen, was Freund und Feind als Selbstverständlichkeit und Fairneß ansahen. Andererseits marschierten die Stammeskrieger selten in den Kampf, bevor sie nicht ihre Qat-Büschel bekommen hatten. Während der Qat-Stunden ist weder in einem Amt noch sonst irgendwo eine Persönlichkeit erreichbar oder ansprechbar, wenn man nicht durch einen befreundeten Jemeniten Zugang zu solchen Qat-Runden findet. Es wird aber auch behauptet, daß die große Politik und die großen Geschäfte hauptsächlich während der Qat-Männerrunden ausgehandelt werden. Es hat nach der Revolution von Regierungsseite schon einmal durch einen fortschrittlichen Politiker den Versuch gegeben, zumindest in den Amtsräumen den Qat-Genuß wenigstens einzuschränken, wenn schon nicht gänzlich zu verbieten. Der Versuch endete schon nach kürzester Zeit jämmerlich, und der betreffende Politiker mußte verschwinden.

Dabei ist ein Qat-Blatt noch lange nicht ein Qat-Blatt, da gibt es horrende Unterschiede in der Qualität. Das ist wie bei den Autos zwischen dem Trabant und dem Mercedes. Nur die jüngsten Triebe, die weichsten und saftigsten kleinen Blätter an der Zweigspitze werden verwendet, der Rest wird weggeworfen. Ein solches Qat-Büschel kommt umgerechnet auf mindestens 3 bis 4 DM, was der Durchschnittsqualität für die große Masse entspricht. Daneben existiert eine märchenhaft gute und sündteure Luxus-Qat-Sorte (»Shami«) mit etwas rötlich gefärbten zarten kleinen Blättern, bei deren Anblick ein Jemenite die Augen zu verdrehen beginnt. Während der Winterzeit, wo es nur ganz wenig Qat gibt, kommt solch ein Büschel »Shami«-Qat auf bis zu 600 DM. Ein unvorstellbar horrender Preis, den sich nur die Großen und Reichen des Landes leisten können. Die Ärmsten hingegen verzichten zwar auch

73

nicht, begnügen sich aber mit den größeren trockenen Blättern, die andere wegwerfen. Für Qat hat jeder Geld, denn dieser Bedarf rangiert noch immer vor den Lebensmitteln, selbst wenn das Büschel mehr als die Hälfte des Tagesverdienstes kostet. Nicht in allen Gebieten des Jemen wächst Qat, auch nicht in der heißen Tihama an der Küste des Roten Meeres, weil der Strauch eine bestimmte Temperatur, Niederschlagsmenge und Anbauhöhe verlangt. Er gedeiht am besten in Lagen zwischen 1000 und 2000 Meter Höhe. Überall sieht man diese unscheinbaren Qat-Kulturen hinter Steinmauern oder Dornenhecken. Die Qat-Sträucher brauchen bei weitem keine so intensive Pflege und Bearbeitung wie Obst- und Gemüsekulturen. Darum ist der Qat-Anbau auch aus diesen Gründen beliebt und weit verbreitet. Drei Jahre braucht ein Qat-Strauch, bis man beginnen kann, ihn regelmäßig abzuernten. Eine Armada Hunderter kleiner Toyota-Lastwagen ist im Jemen tagtäglich unterwegs, um diese Qat-Portionen – frisch vom Strauch – im ganzen Land zu verkaufen, wobei die Vermarktung völlig problemlos vor sich geht, weil eine ständige Nachfrage herrscht und kaum eine Sättigung des Marktes festzustellen ist.

Bei der Hochzeitsfeier saß im Qat-Raum neben mir ein unscheinbarer Scheich aus dem Wadi Dhar, wo er Qat-Plantagen mit einem nicht übermäßigen Ausmaß besitzt, die ihm aber Verkaufserträge von (umgerechnet) 300.000 DM pro Jahr einbringen. Ein einzelner Qat-Strauch wirft einen jährlichen Ertrag von ca. 70 bis 150 DM ab. Dies klingt natürlich sehr gut, doch darf man dabei nicht vergessen, daß man das Jemen-Geld im Ausland kaum umwechseln kann, während man dafür aber im Inland alles bekommt, was man sich nur wünschen kann.

Qat stellt einen, wenn auch ungesunden, so doch wesentlichen agrarpolitischen Wirtschaftszweig dar, der sehr lukrativ ist, mit dem im Inland täglich mehrere Millionen Rial umgesetzt werden. In der Imam-Zeit war jemenitischer Qat ein höchst begehrter Exportartikel für Äthiopien und Somalia. Mehrmals wöchentlich flog eine mit Qat bis zum Rand vollbepackte DC-3 in der Morgendämmerung zur gegenüberliegenden afrikanischen Küste, wo sich die Empfänger noch am Ankunftsflughafen vor dem Flugzeug um die Qat-Büschel buchstäblich rauften und schlugen. Die Landwirtschaft hat sich auf diesen Artikel flexibel eingestellt, und eine Infrastruktur von Qat-Märkten am frühen Morgen in allen noch so kleinen Tälern und Dörfern schaffte eine flächendeckende, lückenlose Verteilung. Qat ist ein unantastbares Tabu, an dem keine Weltgesundheitsbehörde und keine medizinischen oder volkswirtschaftlichen Experten rühren dürfen. Qat ist im Jemen eine Art Weltanschauung und Lebensphilosophie, ein zentraler Kernpunkt des täglichen Gesellschaftslebens. Fortschrittliche Jemeniten, die nicht nur ihre Landsleute verstehen, sondern auch die negativen Qat-Seiten deutlich vor Augen haben, wollen sich ganz vorsichtig mit entsprechenden Aufklärungen und Informationen an das Problem heranmachen, um zumindest bei der heute bereits gebildeteren jungen Generation – die ganz andere Wertvorstellungen besitzt – ansetzen zu können. Ob es gelingen wird, den Qat-Strauch auf diese Art und Weise zu isolieren und seinen Gebrauch auf die allmählich aussterbende ältere und traditionelle Qat-Generation zu beschränken, wird sich herausstellen. Ein bärtiger Scheich meinte, dazu befragt, mit voller Überzeugung: »Qat ist im Jemen so fest verankert wie seine Berge ...«

Dabei hatte der Jemen einen zwar wenig bekannten, doch nicht zu unterschätzenden Ruf als Kaffeeproduzent gehabt. Der halbverfallene Rote-Meer-Hafen Mokka war einst der jemenitische Kaffeeverschiffungshafen, der vom Namen her bereits seine spezifische Bedeutung verrät. Seit die Osmanen im 16. Jahrhundert ihre Kaffeetrinkgewohnheiten verbreitet hatten und die Kaffeehäuser überall wie die Pilze aus dem Boden geschossen waren und etwas mehr als 100 Jahre später auch in der ganzen übrigen westlichen Welt begeistert Kaffeehäuser eröffnet wurden, erlebte der

Mokka-Kaffee seine Blütezeit. Der Begriff »Mokka« ist bis heute in der kaffeetrinkenden Welt erhalten geblieben. Die damalige Exportmenge dürfte knapp über 10.000 Tonnen betragen haben.

Kaffee wächst nicht überall und erfordert ganz bestimmte klimatische Bedingungen. Eine möglichst permanente Luftfeuchtigkeit, ausreichende Niederschläge oder künstliche Bewässerungen sowie Höhenlagen zwischen 1000 und 2000 Meter sind im Jemen die Voraussetzungen für den Kaffeeanbau. Die kunstvoll angelegten Terrassenkulturen, mit denen dem Boden und den schwindelerregenden Steilhängen beharrlich der letzte Quadratzentimeter Anbaufläche abgerungen wurde, erlaubten nur einen begrenzten Anbau. Mühsam mußte nach jedem schweren Gewitterregen mit Körben das abgeschwemmte Erdreich wieder zu den oberen Terrassen hinaufgeschleppt werden. Daß die Kaffeeproduktion im Laufe der Zeit immer mehr und mehr zurückging und sich schließlich bei einem Exportvolumen von ca. 5000 Tonnen pro Jahr einpendelte, hat mit dem überhandnehmenden Qat-Anbau nichts zu tun, sondern vielmehr mit den stark abgesackten Weltmarktpreisen für Kaffee. Viele Kaffee-Anbauflächen blieben seit Jahren leer, sind unbearbeitet, überwuchert von Unkraut, weil die Besitzer als Gastarbeiter in den Golfstaaten ein weitaus besseres Einkommen erzielen als mit all der Plackerei in den kleinen Terrassenkulturen.

Die jemenitische Kaffeebohne sieht klein, verhutzelt und völlig unansehnlich aus. Sie wird im Ausland selten allein verwendet, sondern wegen ihres ausgezeichneten Aromas zur Mischung mit anderen Kaffeesorten bevorzugt. Nur im Jemen selbst genießt man den jemenitischen Kaffee unvermischt und erreicht damit einen Geschmack, der mit keiner anderen Kaffeesorte erzielt werden kann. Wirtschaftlich gesehen ist die jemenitische Kaffeeproduktion leider fast zur Bedeutungslosigkeit herabgesunken, sie kann keineswegs mit den Kaffeeplantagen in Brasilien, Kolumbien oder Indonesien konkurrieren.

Die Stimmung im Qat-Raum des Sheraton-Hotels hatte inzwischen ihren Höhepunkt erreicht, als der Sänger mit kurzen humorvollen Strophen so eine Art »Gstanzeln« rezitierte, die sich auf den Bräutigam bezogen und damit ständig Gelächter und Applaus ernteten. In den Pausen riefen die Freunde dem jungen Mann immer wieder recht zweideutige Ratschläge oder anzügliche Fragen zu, welche die bevorstehende Hochzeitsnacht betrafen. Dann waren saftige Männerwitze an der Reihe, wie sie überall auf dieser Welt in Männerrunden breit erzählt werden.

In dem großen Raum sah es schon nach wenigen Stunden wie in einem unausgemisteten Stall aus, in dem sich eine Schar von Quasimodos mit entstellten und einseitig geschwollenen Gesichtern ein Stelldichein gegeben hatte. Kreuz und quer lagen die halbabgerupften Qat-Zweige haufenweise herum und darunter, halb versteckt, die Spucknäpfe, in die nicht mehr so zielsicher getroffen wurde.

Die Dunkelheit war schon hereingebrochen, und mich wunderte nur eines, daß der Qat-kauende junge Bräutigam mit den glasigen Augen und der Kalaschnikow neben sich nicht die geringste Neigung verspürte, uns alle plötzlich zum Teufel zu jagen, um endlich zu seiner jungen Frau – die er noch nie in seinem Leben unverschleiert gesehen hatte – und zu seiner Hochzeitsnacht zu kommen.

Bürgerkrieg mit fremden Mächten

Oberst Sallal wurde – wie von den Revolutionsoffizieren zugesagt – Staatsoberhaupt des neuen Jemen, und es fiel ihm nicht schwer, bereits in den ersten Tagen die offizielle Anerkennung der Republik durch fast alle arabischen Staaten zu erreichen. Andere folgten zögernd, nur die Saudiaraber ließen sich Zeit, was unter den gegebenen Umständen nicht verwunderlich war, weil sie auf das andere Pferd setzten. Bald kam es zu den ersten Zusammenstößen zwischen imamtreuen und republikanischen Stämmen. Die Stämme im Süden, im Küstenstreifen und vor allem in den unmittelbaren Gebieten um Sanaa und Taiz wagten es nicht, offen für den Imam einzutreten, weil sie in Reichweite der republikanischen Truppen lagen. Außerdem bekannte sich der mächtige Haschid-Stamm – wegen der Ermordung seines Scheichs al-Ahmar in Blutrache zur Imamfamilie – zu Sanaa und genoß dadurch die gleichen finanziellen und rüstungsmäßigen Vorteile wie die nördlichen Stämme beim Imam.

Imam al-Badr rief seinen »Dschihad« (Heiliger Krieg) aus, und über Saudi-Arabien wurden die Imam-Stämme sowohl mit alten Waffen der pakistanischen Armee als auch mit moderneren Waffen aus den USA hochgerüstet. Für viele Stämme begann nun das große Geschäft. An der Grenze wurden die Stammeskrieger in Schnellsiedekursen an den ihnen bis dahin unbekannten Granatwerfern, Geschützen und Bazookas gedrillt. Man mobilisierte den gesamten Norden von den Schulbuben bis zu Opas. Wer eine Waffe tragen und benützen konnte, marschierte mit gegen Sanaa und wanderte automatisch auf die Soldlisten des Imams. Der völlig unbedeutende saudiarabische Ort Nadschran unweit der jemenitischen Grenze begann über Nacht aufzublühen, als Containerfahrzeugkolonnen mit Waffen, Ausrüstung, Munition und Verpflegung auf den Straßen anrollten und pausenlos Flugzeuge auf dem kleinen »Flughafen« landeten und starteten.

Der neugebackene republikanische Präsident Abdullah Sallal, der sich eiligst selbst zum General befördert hatte, richtete das mit Nasser vereinbarte Hilfeansuchen an Ägypten. Nasser traute der militärischen Schlagkraft seiner jemenitischen Gefährten nicht allzusehr. Nach Geheimdienstmeldungen intervenierte außerdem Saudi-Arabien als Stellvertreter der USA bereits intensiv, da die USA um ihre saudiarabischen Ölinteressen bangten. Aus diesem Grund war höchste Eile geboten. Nasser setzte also seine Elitetruppen in Marsch und richtete eine Luftbrücke nach Hodeida ein, außerdem pendelten Frachtschiffe von Suez durch das Rote Meer bis nach dem Jemen. Nasser warf sein ganzes Prestige in die Waagschale, um einen Mißerfolg von vornherein auszuschalten. Sowjetische Schiffe ankerten vor Hodeida und brachten Kriegsmaterial älterer Bauart für die Republikaner. Die Briten in Aden sahen mit argwöhnischen Augen auf die sich zusammenballenden Kräfte neben ihrer Kronkolonie, hüteten sich aber vor jeder direkten oder indirekten Einmischung. Republik- und Imam-Truppen marschierten mit ihren nationalen Zielsetzungen in den Bürgerkrieg und waren eigentlich nur die Marionetten der hinter ihnen stehenden Mächte (Saudi-Arabien und USA; Ägypten und Sowjetunion), wobei die eigentlichen jemenitischen Interessen weitab im Hintergrund blieben. Der Jemen erlebte wieder einmal – wie schon so oft – eine seiner blutigen Epochen.

Der »Dschihad« begann sehr unheilig und gewöhnlich wie jeder Krieg, und Imam al-Badr folgte unfreiwillig dem Beispiel des Imam al-Qasim, der viele Jahre von Berghöhlen aus gegen die Türken gekämpft hatte. Al-Badr

»regierte« nun gleichfalls in den Höhlen des unwegsamen nördlichen Jemen und versuchte von dort aus, sein Land wieder in die Gewalt zu bekommen. Die ägyptischen Helfer hingegen besetzten mit einer geradezu spielerischen Leichtigkeit und Selbstverständlichkeit – wie nach einem vorgezeichneten Plan – schnellstens alle Schlüsselpositionen der Regierung, aber auch der Lokal- und Provinzbehörden. Nasser hatte in seinem »Hilfsplan« jede Möglichkeit bedacht. Seine Offiziere saßen in den improvisierten Ministerien genauso wie beim primitiv eingerichteten Rundfunk, ganz besonders aber in der Armee. Auch jeden Provinzgouverneur begleitete stets ein Ägypter wie ein Schatten. Die Jemeniten sahen zunächst verblüfft, bald aber murrend auf die penetrante Bevormundung, doch Präsident Sallal beschwichtigte seine Landsleute bei jeder Gelegenheit mit dem Hinweis, daß die ägyptischen Brüder ihnen ja nur helfen und zeigen wollten, wie es künftighin gemacht werden sollte.

Die schönsten Häuser und Quartiere wurden durch die ägyptischen Helfer besetzt, einheimische Familien mußten oft Hals über Kopf ein Ausweichquartier bei Verwandten suchen. In den Ämtern saßen die Jemeniten nur als Staffage hinter ihren Schreibtischen, denn sie mußten bei jeder Kleinigkeit ihre ägyptischen Schatten fragen, was sie machen durften und was nicht. Kein Bescheid verließ eine Behörde, bevor der amtierende Ägypter nicht seine Unterschrift darunter gesetzt hatte. Präsident General Sallal sah seine Funktion als Regierungschef lediglich darin, daß er Befehlsempfänger spielte und wie ein Lakai die von Kairo kommenden Befehle kommentarlos an seine jemenitischen Behörden weiterleitete, wo die Anweisungen wieder von Ägyptern verwirklicht wurden. Die Situation spitzte sich zu, als gebildete akademische Jemeniten, die ausländische Universitäten besucht oder im Exil gelebt hatten, in ihrer imamfreien und befreiten Republik die Bevormundung durch niederste ägyptische Dienstgrade ertragen mußten. Hinzu kam noch, daß die Ägypter in dem ihnen fremden

e Hauptstadt Sanaa während des Bürgerkrieges. Sandsäcke türmen sich vor den Eingängen,
e Fenster sind kaputt.

Maschinenpistole und Krummdolch gehören zur Bewaffnung.

Stämme des Nordens kommen nach Sanaa.

eich für Scheich tritt vor den mächtigen Hached-Scheich und den Vizeminister für
mmesangelegenheiten (mit Tuch über der Schulter), um die Loyalität zu bekunden.

General Qassem Munassar (Royalist) ging mit 15.000 Mann, Fahrzeugen und Waffen zu
General al-Amry (Republikaner, rechts) über.

den Fahrzeugen der Munassar-Truppen ist noch das Wappen des Imam al-Badr.

Scheichs der Stämme »vermieten« ihre Krieger an den Bestzahler.

Auch Staatspräsident Iriani trägt den unvermeidlichen Krummdolch im Gürtel.

arabischen Bruderland keineswegs als die toleranten und brüderlich-kameradschaftlichen Helfer auftraten, sondern arrogant, überheblich und herrschsüchtig auf die »minderen«, »unzivilisierten« und »unterentwickelten« Jemeniten herabsahen. Ägyptische Offiziere rempelten protzig und zynisch Jemeniten vom Gehsteig oder fertigten Scheichs und Angehörige uralter jemenitischer Adelsfamilien kaltschnäuzig ab. Wie die einstigen osmanischen Paschas thronten die ägyptischen Militärbonzen in den feudal eingerichteten jemenitischen Palästen und versuchten, soviel wie möglich an Werten und Schätzen an sich zu bringen und nach Ägypten zu verschiffen. Durch die Plünderung nach der Revolution waren viele wertvolle Kunstschätze aus den Palästen des Imams in die Öffentlichkeit gelangt, was die »Helfer« ausgiebig zur Bereicherung ihrer privaten Sammlungen nutzten.

Ägypten machte mit dieser Art »Hilfe« einen folgenschweren Fehler, weil es sich wie ein Kolonialherr aufführte und die Jemeniten als »Eingeborene« ansah und auch so behandelte. Selbst wenn ein ägyptischer Soldat aus der ärmsten, primitivsten und ungebildetsten Fellachenfamilie stammte, fühlte er sich im Jemen als »Herrenmensch« dem gebildeten Jemeniten gegenüber.

Ein jemenitischer Arzt, der eine europäische Universität mit bestem Erfolg absolviert hatte, beurteilte nach seiner Rückkehr nach Sanaa in einer Runde von Freunden die Situation treffend: »Da haben wir uns ja die Läuse mutwillig in den eigenen Pelz gesetzt!« Einen Tag später wanderte dieser Arzt, von ägyptischen Militärpolizisten verhaftet, in das Gefängnis, das er nicht mehr lebend verließ.

Das Verhältnis zwischen den »unmündigen« Jemeniten und ihren aufgeblasenen Helfern und Beschützern schlug bei den Jemeniten bald in offenen Haß um. Sallal und seine Offiziere aber wußten nur zu gut, daß sie ohne ägyptische Armee im Land samt »ihrer Republik« machtlos waren, weil sie der von den Saudis unterstützten Imam-Armee keinen Monat lang standhalten hätten können. Sallal mußte deshalb, ob er wollte oder nicht, gute Miene zum bösen Spiel machen. Es war ihm auch völlig klar, daß seine persönliche Existenz in dem Augenblick verspielt gewesen wäre, da er sich offen gegen die Praktiken der ägyptischen Besatzer gestellt hätte. Die »Stabilität« seines Präsidentenstuhls hing einzig und allein von Nassers Gnade ab. Ägyptens Staatschef hatte die Charaktereigenschaften des ehemaligen jemenitischen Obersten ganz richtig eingeschätzt: »Ein Mann ohne jede eigene Meinungsbildung, ohne Initiative, sehr labil und unterwürfig, scheut jedes Risiko, besitzt egoistischen Ehrgeiz, was seine Person betrifft, und ist äußerst eitel, scheut jede Verantwortung und schiebt alle Fehler auf seine Umgebung ab. Ohne Nebenmann nicht zu verwenden.« So stand es in einem Militärdossier über Sallal in Kairo.

Für Ägypten war eine Persönlichkeit wie Sallal mit seiner unwahrscheinlich großen Summe an negativen Charaktermerkmalen die ideale, willkommene Popanzfigur, den Briefträger zwischen Kairo und Sanaa zu spielen. Nach außen hin hatten die Jemeniten ihren eigenen Präsidenten, doch erfüllte dieser blind jeden ägyptischen Wunsch oder Befehl, wenn dies auch seinem Land und seinen Leuten schadete. Sallal gab eine traurige Figur ab, und er wäre von den Jemeniten zweifellos raschest hinweggefegt worden, wäre er nicht durch das ägyptische Militär gehalten worden.

Es gab keine direkten Fronten zwischen den Republikanern (Ägyptern) und den Royalisten im Norden. Als aber Nassers Elitetruppen mit dem modernsten und schwersten Kriegsgerät – Panzern und russischen Flugzeugen – den Nordjemen besetzen wollten, kam es zu erbitterten Kampfhandlungen, die für beide Seiten äußerst blutig verliefen. Von Hodeida aus konnte man mit Räder- und Kettenfahrzeugen sehr gut die Hauptstadt Sanaa sowie die zweitgrößte und wichtigste Stadt, Taiz, erreichen. Die von den Chinesen fertiggestellte Asphaltstraße tat dabei den Ägyptern einen großen Dienst. Strategen erklärten, daß

Nasser mit seinem Coup sogar auf die Fertigstellung – die im Jahr der Revolution erfolgte – gewartet hatte. Die von den Royalisten ursprünglich besetzten Städte Marib, Harib, Lubana und al-Hazm wurden zwar, flankiert von republiktreuen Stämmen, von ägyptischen Truppen erobert, blieben aber eingeigelte Inseln und Brückenköpfe in der feindlichen Region, weil die Straßenverbindungen von den Royalisten immer wieder unterbrochen wurden. So mußten sich die Ägypter wieder in den Süden zurückziehen, ihre zerschossenen Panzer liegen noch heute als Mahnmale der Niederlagen vor den erwähnten, für kurze Zeit eroberten Städten. Nachts von den Royalisten verlegte Minen jagten ägyptische Fahrzeuge in die Luft, und die ägyptische Luftwaffe zerbombte so manche Dörfer und Städte in den Bergen, ohne dadurch irgendwelche militärische Erfolge zu erringen. Angeblich haben die Ägypter dabei auch Giftgasbomben verwendet, wie internationale Kommissionen festgestellt haben. Die Offensive nach Norden schlug fehl und wurde gestoppt. Bald drehte sich der Spieß um. Die Royalisten kauften noch einige Stämme ein und drückten nach dem Süden bis vor Sanaa durch. Imam al-Badr saß in einer geräumigen Höhle bei Qara, und solange er mit saudiarabischem Geld den Sold zahlte, blieben ihm die Stämme auch treu ergeben. Die Saudis und Amerikaner pumpten den royalistischen Norden mit Geld und Waffen voll, um Sanaa und die Republik in die Knie zu zwingen. Die Ägypter und Russen versuchten dasselbe auf der anderen Seite, obwohl man eine »Jemenisierung« versuchte, indem der Jemen mehr und mehr selbst die militärische Verantwortung übernehmen sollte. Man bildete Offizierskader aus, ging von der Art der Stammeskriegereinheiten ab und baute eine zentrale Armee auf. Gleichzeitig aber füllten sich die Gefängnisse mit Jemeniten, die den Ägyptern mißfielen und als »reaktionär«, »konterrevolutionär« oder imamtreu deklariert wurden. In den Kellern der Staatspolizei kam es zu grauenhaften Folterungen, wenn Nassers Offiziere Komplotte oder Sabotage vermuteten. Exekutionen ohne Gerichtsurteile und der Haß zwischen Beschützern und Beschützten wuchsen von Tag zu Tag. Ägypter und Jemeniten grüßten sich nicht mehr, und wenn Ägypter ein Lokal betraten, standen die anwesenden Jemeniten ostentativ auf und gingen. Jemenitische Kraftfahrer im Dienst der »Besatzungstruppen« sprangen an der günstigsten Stelle gefährlicher Bergstraßen geschickt aus ihren Fahrzeugen und ließen die Autos samt ägyptischen Offizieren und Soldaten in die Schluchten hinabstürzen. Nachts wagten sich die Ägypter kaum mehr allein auf die spärlich beleuchteten Straßen, weil es immer wieder zu Überfällen und Morden kam. Die typisch breiten Stichwunden an den Toten stammten immer von den Dschambijas, den jemenitischen Krummdolchen. Im Töten waren die Jemeniten noch nie Stümper gewesen – die ägyptischen Leichen wiesen jeweils nur eine einzige tödliche Wunde auf. Später fand man in abseits liegenden Tälern und Felshöhlen massenhaft nackte und verweste ägyptische Leichen, denen man die Köpfe abgeschnitten und die Uniformen ausgezogen hatte. Kleinere Gruppen ägyptischer Soldaten wurden wiederholt von haßerfüllten republiktreuen Jemeniten überfallen und umgebracht. Manchmal versuchten die Ägypter sich an jemenitischen Mädchen und Frauen zu vergreifen, was von den Männern mit Blutrache geahndet wurde. Die Ägypter brachten es fertig, ihr Helferimage durch eigene Schuld zu zerstören, und bald wurden sie von den Bewohnern des Landes gehaßt wie einst die Türken.

Für Ägypten stellte der Jemenkrieg keine nennenswerte finanzielle Belastung dar, weil die UdSSR sämtliche Kosten für Waffen, Material und Nachschub übernahm, aber der Jemenkrieg wurde für Nasser ein schwerwiegendes Prestigeproblem, da er seine Elitetruppen mit den modernsten Waffen gegen die primitiven Bergstämme zum Einsatz, aber nicht zum Sieg führen konnte ... Die Sowjets hatten dann auch gleich die beiden Flugplätze in Sanaa und Hodeida für große Transportmaschinen sowie die strategisch wichtige Straße von Hodeida nach Taiz ausgebaut. Für die Russen besaß der Jemen eine globalpolitische und strategische Bedeutung, um einerseits für Flotte und Luftwaffe sichere Basen zu installieren – sich am Ausgang des Roten Meeres festzukrallen – und andererseits auf der ölträchtigen Arabischen Halbinsel Fuß fassen zu können.

Ende 1966 nahmen zum ersten Mal die beiden Großmächte im Schatten, die USA und die Sowjetunion, direkte Gespräche über den sich allmählich zuspitzenden Krisenherd Jemen auf, vermochten sich jedoch über die Abgrenzung ihrer Interessen nicht zu einigen. Mitten in das militärische und politische Dilemma platzte im Juni 1967 eine für den Jemen entscheidende Bombe: der Sechstagekrieg in Israel. Nasser beorderte den Großteil seiner im Jemen vergeblich um einen Sieg kämpfenden Truppen eiligst zur Verteidigung des eigenen Landes zurück. Als dem nur sechs Tage dauernden Krieg die perfekte Niederlage folgte, konnte Nasser es sich nicht mehr leisten, seine besten Divisionen abermals in den Jemen zu entsenden.

Der Jemen dürfte damals das einzige arabische Land gewesen sein, in dem Araber – und dazu zählen die Jemeniten ja – öffentlich auf Straßen und Plätzen über die ägyptische Niederlage vor Freude gejohlt und gesungen haben. Der inzwischen gehaßte Befreier hatte seine Schläge bezogen – dieser Gedanke war den Jemeniten eine wohltuende Genugtuung für die jahrelang erlittene Schmach »kolonialer« Selbstherrlichkeit und für alle erduldeten Demütigungen.

Die Arabische Liga mit ihren Mitgliedsstaaten war über das jahrelange Debakel Ägyptens im Jemen nicht sonderlich begeistert und stand nicht mehr vollzählig hinter der »Führernation Nassers«. Einen klaren Sieg hätte man akzeptieren müssen, aber die innerarabische Auseinandersetzung nagte ganz empfindlich am islamischen Image. Im August 1967 kam es zur denkwürdigen Konferenz in Khartoum (Sudan), wo sich Nasser verbindlich bereit erklärte, seine restlichen Truppen bis November 1967 aus dem Jemen abzuziehen. Das kam einem »Gesichtsverlust« gleich, doch Nasser blieb nach seiner Israel-Niederlage keine andere Wahl; wahrscheinlich dürfte er darüber sogar froh gewesen sein, auf diese Art aus dem Schlamassel herauszukommen. Er »fügte« sich gewissermaßen den Beschlüssen der arabischen Mehrheit. Der Rückzug glich einer »Flucht«, auf der es nicht nur zu Zwischenfällen mit den nachdrängenden Royalisten kam, sondern auch die republikanischen Bundesgenossen jede Gelegenheit für blutige Racheakte gegen die verhaßten, endlich abziehenden ägyptischen Militärs ausnutzten.

Damit schien der festgefahrene Karren wieder flottgemacht, denn nun waren die Kräfteverhältnisse verschoben, und das eröffnete neuen politischen und militärischen Spielraum. Während einer Auslandsreise in den Libanon wurde der jemenitische Staatspräsident Sallal von seinem eigenen Militär abgesetzt, der aus den Radionachrichten am Morgen beim Frühstück im Hotel erfuhr, daß seine Amtszeit beendet war und er nicht mehr in den Jemen zurückkehren durfte. Sallal war – nach übereinstimmenden Aussagen von Ärzten – Morphinist und nur mehr ein menschliches Wrack, das lediglich durch seine Generalsuniform zusammengehalten wurde. Überstürzt versuchten nun die republikanischen Offiziere, ihre Truppen zu regenerieren, sich andere Stämme »einzukaufen« und diese mit Waffen auszurüsten. Dabei sprang Rußland – jetzt ohne ägyptische Vermittlung – direkt in die Bresche. Es galt, dem immer stärker werdenden Druck der Saudiaraber und der USA standzuhalten. Der Kreml ließ die USA über den »heißen Draht« wissen, daß es zu keinem Sieg der Royalisten kommen dürfe, da die Sowjets sonst direkte Interventionen und eine weitere massierte Militärhilfe in Erwägung ziehen müßten, um das Gleichgewicht im Jemen aufrechtzuerhalten.

Während Expräsident Sallal in einem armseligen Vorort Kairos sein Exil aufschlug und seine von Sanaa bewilligte Pension in Höhe von 2000 Rial pro Monat erhielt, trat an seine Stelle der bisherige oberste jemenitische Richter, Abdul Rhaman al-Iriani, ein Stabilisator für die Innen- und Außenpolitik des Jemen. Im November 1967 trat zum ersten Mal als Ministerpräsident der »Jemenitischen Arabischen Republik« Moshen Ahmed al-Aini auf, der mit der Baath-Partei sympathisierte. Eine Persönlichkeit prägte damals jedoch den ganzen militärischen Bereich, ein »starker Mann« – General Hassan al-Amry – war aufgetaucht, der auch abends dunkel getönte Brillen trug; angeblich wegen eines Augenleidens. Manche hingegen waren der Überzeugung, er tat dies, weil er blaue Augen hatte, und das bedeutete im Jemen, den »bösen Blick« zu haben.

Nach dem Norden – Sadda

Da es im Jemen keine Eisenbahn gibt, spielt sich der ganze Inlandsverkehr auf den Straßen ab, und zwar auf eine höchst originelle Art. Sammeltaxis fahren ganz bestimmte Routen zwischen den wichtigsten Städten Sanaa, Taiz, Hodeida und in die verschiedenen anderen Provinzgebiete und haben in den diversen Städten große (Bahnhof-)Plätze, wo sich die suchenden Fahrgäste in riesigen Scharen mit Sack und Pack sowie Kind und Kegel einfinden. Die unzähligen Taxis haben außen in einem einheitlichen Dekor breite Farbstreifen in Schwarz, Rot, Gelb, Blau oder Grün. An diesen Farben erkennt man die Route des betreffenden Taxis. Erst wenn ein solcher Wagen vollgestopft wie eine Sardinenbüchse ist, fährt er ab. Mitgenommen werden in den Taxis jedoch nicht nur Menschen, sondern ebenso gerne auch Kleintiere, wie Schafe, Körbe mit Gemüse oder Obst oder riesige Qat-Büschel; alles, was Geld bringt. Die Preise sind, der nicht vorhandenen Bequemlichkeit angepaßt, äußerst niedrig und auch für die ärmsten Bevölkerungsschichten erschwinglich. Dieses Transportwesen funktioniert während der Tageslichtzeit pausenlos. Braucht man jedoch nicht nur einen Transport von einem zum anderen Ort, sondern will man etwas individueller reisen und beliebig oft und lange stehenbleiben, so ist man gezwungen, einen Wagen mit Fahrer zu mieten; am besten jedoch ein geländegängiges Fahrzeug mit Allradantrieb, damit man vor unliebsamen Überraschungen abseits der Asphaltstraßen sicher ist.

Während meiner vorangegangenen Jemen-Reisen in

den Bürgerkriegsjahren war es für mich immer unmöglich gewesen, den ehemals royalistischen Norden zu besuchen. Das war auch der Grund, warum ich es diesmal versuchte. Es dauerte nicht allzu lange, bis ich einen Landrover mit Fahrer, Dolmetsch und das unbedingt notwendige Bündel von Bewilligungen vom zuständigen Ministerium in Händen hatte, die Reise in den Norden konnte beginnen. Bei strömendem Regen fuhren wir ab und ließen Sanaa hinter uns. Nach Amran ließ der Verkehr rapide nach, für mich begann buchstäblich das Neuland. Auch diese Asphaltstraße hatten die Chinesen gebaut, die eine sehr weit vorausblickende Entwicklungshilfe betreiben und sich von augenblicklichen Situationen keineswegs beeinflussen lassen. Elektrische Hochspannungsleitungen und neue Fabriken in moderner Bauart hatten auch da das Land verändert und neu geprägt.

Gelegentlich gab es die üblichen leeren Ölfässer auf der Straße, und neben der Fahrbahn standen ein paar Zelte oder Steinhütten für eine Gruppe Soldaten, Polizisten oder auch Stammeskrieger, die sorgfältig den ganzen Straßenverkehr kontrollierten. Wenn man ganz genau beobachtete, konnte man in kurzen Entfernungen manchmal auch halb eingegrabene alte russische T-34-Panzer erkennen, die nur mit dem Turm und der Kanone über die Erde herausragten. Besonders die Lastkraftwagen wurden genau durchsucht und die Papiere angesehen. Niemand wagt es, sich diesen Kontrollen zu entziehen und einfach weiterzufahren, weil in solchen Fällen sofort geschossen würde. Der Norden ist der Zentralregierung in Sanaa nach wie vor besonders suspekt, deshalb werden alle Vorgänge in dieser Region höchst mißtrauisch verfolgt. Man will keine Überraschungen erleben, und man will auch nicht überrumpelt werden. Solange man das Straßennetz fest in Händen hält, kann man auch die Stämme leichter im Auge behalten.

Je weiter man in den Norden kommt, umso mehr verändert sich der Charakter der Landschaft, aber auch der der Siedlungen und Architektur. Die Berge sind nicht mehr so hoch, und die Dörfer ducken sich meist in den Talniederungen schutzsuchend zusammen.

Noch am selben Abend erreichten wir die nördliche Provinzmetropole Sadda, unweit der saudiarabischen Grenze. Im Zentrum sind die Altstadt mit dem Fort und die Stadtmauern größtenteils erhalten geblieben, und nur rundum ist die neue Stadt mit trostlosen Zweckbauten entstanden. Die alten Häuser und Wohnburgen bestehen aus Lehm, erreichen die beachtliche Höhe von kleinen Hochhäusern und weisen meist eine leicht abgeschrägte Fassadenfront auf, ganz anders als die Althäuser in Sanaa. Einige kleine »Hotels« sind im neuen Stadtteil entstanden, die wegen ihrer äußerst primitiven und schmutzstarrenden Einrichtungen einem Touristen kaum zugemutet werden können. Sie dienen offensichtlich dem regen Transitverkehr mit Saudi-Arabien und genügen den Ansprüchen, die man stellt. In Sadda hört der Asphalt auf, und auf den staubigen Sandpisten fahren von und nach Saudi-Arabien zahllose Lastkraftwagen mit Waren aller Art total überladen über die Staatsgrenze, die eigentlich keine Grenze ist, weil sich die Stämme in der Region darum kaum kümmern und Menschen von allen Seiten und auf allen Wegen ohne jede Kontrolle hin und her wechseln.

Der Norden war bereits während der Imam-Zeit eher pro forma beim Jemen und gehörte de facto schon damals mehr zu Saudi-Arabien. Die Wege und Straßen bis in die Hauptstadt Sanaa waren viel zu lange und zu beschwerlich, so daß es einfacher war, die Post den Saudis anzuvertrauen und die notwendigen Waren auch über die nahe Grenze anstatt aus dem fernen Süden zu holen. Selbst die Geldwährung war saudiarabisch, man ersparte sich damit Komplikationen mit Wechselkursen. So war es nicht verwunderlich, daß einst Imam al-Badr dort im Norden beachtlichen Rückhalt fand.

Heute haben sich die Verhältnisse wieder normalisiert, und mit dem Bau der Asphaltstraße nach Sanaa ist der »Anschluß« des Nordens an den Jemen nunmehr bekräftigt worden. Auf dieser Straße können innerhalb weniger Stunden motorisierte Verbände, Panzer oder Artillerie herangekarrt werden, die mühelos die Städte oder Dörfer irgendwelcher rebellischer Scheichs in Schutt und Asche legen können. Zwischen der Zentralregierung und dem Norden – und auch mit anderen Landesteilen und Stammesregionen – herrscht oftmals nur ein Friede »auf Abruf«. Man belauert sich gegenseitig und wartet nur auf eine Möglichkeit oder Chance, um erfolgreich losschlagen zu können. Die höchsten Beamten im Norden stammen vorsichtshalber größtenteils nicht aus dieser Provinz, sondern kommen aus Sanaa oder Taiz.

Sadda ist für den Jemen jedoch sehr wichtig und wertvoll, weil es das natürliche Tor zum Norden, zur Golfseite, hin ist. Andererseits ist Sadda aber auch die ideale Schmugglerhochburg in klassischer Form, denn dort kann man unverzollte (geschmuggelte) Waren aller Art, vom Fernsehgerät bis zum japanischen Neuwagen, ab Lager so günstig kaufen wie in Hongkong oder Singapur. Von Sadda illegal ohne Visa oder echte Papiere nach Saudi-Arabien oder in die anderen Golfstaaten zu fahren ist nur eine Frage des Geldes. Perfekt wird so mancher »Arbeitsuchende« bis hin zum Arbeitsplatz in den Ölscheichtümern weitervermittelt. In Sadda ist praktisch alles möglich, was erlaubt oder streng verboten ist, was innerhalb und außerhalb der Gesetze liegt. Die Leute dort leben davon – und sie tun es nicht schlecht.

Der große Platz neben der alten Stadtmauer ist häufig mit bis zu hundert Lastkraftwagen überfüllt, die sich mit ihren Waren den Zollformalitäten stellen, was oft lange Stunden oder gar Tage an Wartezeit beansprucht. Die teuren Güter sehen aber keine Zollbeamten. Als ich dort zu fotografieren begann, war ich nach wenigen Minuten von einem Rudel Bewaffneter umringt, die mir unbedingt den Film aus der Kamera nehmen wollten.

Der Norden des Landes birgt eine politische Zeitbombe, an der in letzter Zeit bereits einige Male gefährlich gezündelt wurde. Die Staatsgrenze zwischen Saudi-Arabien und dem Jemen wurde einst nach dem Krieg, den der Jemen verlor, von Saudi-Arabien willkürlich gezogen und ist vom Jemen nie anerkannt worden. Auf vielen jemenitischen Landkarten fehlt die Grenzlinie zu Saudi-Arabien zum Teil oder gänzlich. In den letzten Jahren kam es auch bereits zu Schießereien zwischen Stammeskriegern und Soldaten beider Länder, was einem nicht zu unterschätzenden Spannungsgebiet und Konfliktherd gleichkommt. Die Grenzen waren in den letzten Jahrzehnten völlig uninteressant gewesen, weil es lediglich um unfruchtbares, kahles Berg- oder Wüstenland ging und deshalb 100 Kilometer auf oder ab überhaupt keine Rolle spielten. Vor wenigen Jahren wurde jedoch speziell in den Grenzregionen im Wüstensand von den Jemeniten Öl gefunden, und damit wurde die Wüste – so wie in den Golfstaaten – über Nacht dollarbringend und zum wertvollsten Boden des ganzen Jemen. Nachdem nicht nur die betreffenden Bohr- und Anzapfstellen für die Ausbeutung der Ölvorkommen maßgebend sind, sondern die unterirdischen Ölseen weit ausgedehnt unter der Wüste liegen, sind die Grenzlinien nunmehr ausschlaggebend geworden für alle Ansprüche. Und wegen des Öls hat sich leider noch jeder Krieg »gelohnt«.

Diese kleinen Hotels in Sadda haben es in sich. In der Empfangshalle lagen Sand und Unrat in Mengen, die Rezeption begrüßte jeden Ankömmling mit gähnender Leere. Nur abseits in einer Ecke hockten sechs Männer – das Hotelpersonal – friedlich beim Qat und nuckelten teilnahmslos an den Schläuchen einer Wasserpfeife. Niemand stand auf und nahm von uns ankommenden Gästen Notiz. Erst als mein Dolmetscher etwas lauter wurde, schlurfte ein schmieriger Jemenite heran und wollte mit seinen glasigen Augen erforschen, was wir mit unserer Störung eigentlich bezweckten. Nach einigen Überredungskünsten bekamen wir unsere Zimmer zugewiesen, was völlig unorthodox zuging, weil die Hausburschen den Schlüssel trugen und wir Gäste das Gepäck selbst schleppen mußten.

Die Einflüsse der Saudis sind anscheinend auch für die Mentalität der Menschen verantwortlich.

Wohl am eindrucksvollsten ist der Souk (Markt) von Sadda, der zwar nicht den Umfang von dem in Sanaa aufweist, aber durch seine Vielfalt besticht. Erstaunlich ist das Angebot an Obst und Gemüse. Vor allem die Weintrauben haben eine Süße und Qualität, wie ich sie besser nirgendwo anders – auch nicht in Europa – angetroffen habe.

Von einem einflußreichen Freund in Sanaa hatte ich ein Empfehlungsschreiben für einen verwandten Scheich Ahmed in der Grenzregion mitbekommen. Da mich die Menschen grundsätzlich weit mehr als die Landschaft interessieren, wollte ich mir diesen Besuch nicht entgehen lassen. Wir bogen mit unserem geländegängigen Landrover von der Asphaltstraße ab, fuhren einen steilen Abhang hinunter in ein enges Wadi und folgten diesem über Stock und Stein etwa eine Stunde lang. Nach einem weiten Bogen trafen wir auf die erste kleine Siedlung, in der uns eine Meute kläffender Hunde, eine Schar neugieriger Kinder und drei bewaffnete mißtrauische Männer begrüßten oder, besser gesagt, anhielten. Fahrer und Dolmetscher begannen mit den Männern zu reden und wollten ihnen begreiflich machen, daß wir zu Scheich Ahmed wollten, aber ihre Gesichter wurden um keinen Deut freundlicher. Erst als ich den kleinen schmalen Zettel vorzeigte und sie gemeinsam das Empfehlungsschreiben durchlasen, löste sich die Spannung. Einer der drei Männer stieg zu uns in den Wagen und wollte uns zum Scheich bringen. Drei Dörfer weiter langten wir bei einem nicht allzu hohen Felsenhügel an, an den sich die aus Lehm gebauten hohen Wohnburgen, dicht beisammen wie ein Wespennest, nahtlos anschmiegten. Den letzten Teil des steilen Weges mußten wir zu Fuß gehen, bis wir vor der massiven Holztüre einer dieser imponierenden Lehmburgen standen, die in den unteren Stockwerken keine Fensteröffnungen aufweisen. Unser Begleiter klopfte zuerst mit dem Metallklopfer und, als dies nichts nützte, mit seinem Gewehrkolben gegen die verschlossene Bohlentüre. Erst nach einer geraumen Weile ertönte von hoch droben eine barsch fragende Stimme. Nach einem Rede-und-Antwort-Spiel öffnete sich dann knarrend das Tor, und zwei Leibwachen des Scheichs nahmen uns in Empfang und mir das mitgebrachte Empfehlungsschreiben ab, mit dem einer von ihnen sofort die hohen Stufen vorauseilte. Oben angekommen, wurden wir in den großen, mit kostbaren Teppichen ausgelegten, weißgetünchten Männerraum (Mafradsch) geführt, wo wir etwa zehn Minuten warten mußten, bis Scheich Ahmed zusammen mit seinen beiden Söhnen, die 17 und 20 Jahre alt sind, eintrat und uns freundlich begrüßte. Kaffee, Fruchtsäfte und getrocknete Weintrauben (Rosinen) bot uns ein Bediensteter an. Erst dann versuchte der Scheich, der tadellos Englisch sprach, durch Fragen herauszufinden, was mich eigentlich in den Norden und zu ihm geführt hatte.

Scheich Ahmed ist der Bilderbuchtyp des klassischen Arabers; schlank, sehnig, Hakennase in einem braungebrannten Gesicht mit schwarzen, dichten Augenbrauen, die wie Krähenflügel über den stechenden dunklen Augen liegen. Ein Bart umrandet das Kinn. Er war es gewohnt zu befehlen, und ein Blick oder eine kurze Handbewegung – ohne gesprochenes Wort – genügte für die Bediensteten, um jede Anordnung auf der Stelle auszuführen. Der Mann trug seinen Rang erhaben, aber nicht überheblich. Sein Wesen, seine Haltung und jede Bewegung drückten dies aus. Er könnte aus einem Karl-May-Buch entsprungen sein. Seine Söhne waren das Ebenbild ihres Vaters. Ein schwer zu beschreibender Stolz und eine Beherrschtheit, zusammen mit einem offenen Selbstbewußtsein, prägten diese drei Männer. Der ältere Sohn studiert in den USA Medizin und war gerade auf Urlaub daheim, während der andere Sohn eine höhere Schule in Saudi-Arabien besucht und gleichfalls daheim seine Ferien verbrachte. Draußen vor der offenen Türe huschten schwarz verschleierte

94

Frauen und Mädchen leise lachend mit großen runden Speisentabletts herum und warfen kurze neugierige Blicke zu uns herein.

Scheich Ahmed stellt wahrscheinlich ein typisches Beispiel für die Nordprovinz dar. Er hält von der Republik, der Zentralregierung in Sanaa und von der marxistischen Volksrepublik Südjemen nicht allzu viel und schätzt die althergebrachten Stammesstrukturen für wesentlich besser in ihrer Funktion. Ahmed zählt nicht zu den »großen« Scheichs, aber er gebietet immerhin über nahezu 500 bestens bewaffnete Männer. Während des Bürgerkrieges kämpfte er natürlich auf der Seite des vertriebenen Imam al-Badr, erlangte bei seinen Stammesangehörigen einen geradezu legendären Ruf, als er bei den Kämpfen gegen die ägyptischen Besatzungstruppen in der Nähe von Marib mit einem Kanister Dieselöl auf einen ägyptischen Panzer sprang, das Öl in alle Öffnungen goß, danach absprang und mit einer Handgranate den Panzer in ein höllisches Inferno verwandelte. Als die Panzerbesatzung aus dem Flammenmeer entkommen wollte, erschoß er sie nicht, sondern tötete sie mit seiner Dschambija.

Scheich Ahmeds Frau stammt aus einer sehr großen Stammesdynastie in Saudi-Arabien, was Ahmed für seine Geschäfte sehr half. Das wichtigste scheint für den Scheich seine Kamelzucht zu sein, aber nicht nur allein für den Verkauf der Tiere, sondern vor allem für einen speziellen Eigenbedarf. Zwei Kamelkarawanen mit etwa 60 ausgesuchten starken Reitkamelen sind immer auf rätselhaften Pfaden durch die Wüste von und nach Saudi-Arabien unterwegs. Ahmed kontrolliert mit seinem Stamm diesen Grenzabschnitt lückenlos und hat in Verbindung mit seiner saudiarabischen Verwandtschaft einen lukrativen Schmuggel aufgebaut, der klaglos funktioniert. Eine jemenitische Regierungspatrouille verirrte sich ein einziges Mal in diesen Grenzabschnitt und verlor bei der daraufhin entstandenen Schießerei zwei Soldaten. Seither wagt sich niemand mehr in das Gebiet hinein. Auf der saudiarabischen

Seite sorgen die einflußreichen Stammesscheichs für einen störungsfreien Marsch der Kamelkarawanen. Jeder weiß es, doch niemand sieht es. Die Transporte spielen sich meist nachts ab, und raffiniert angelegte und streng bewachte Warendepots in Berghöhlen weit abseits der Straßen garantieren den reibungslosen Ablauf der Geschäfte.

Scheich Ahmed, der es auf diese Art und Weise zu einem beachtlichen Reichtum brachte, ist mit seinen privaten und geschäftlichen Interessen ganz nach Saudi-Arabien hin orientiert. Er stellt im Norden ein nicht zu unterschätzendes Kräftepotential dar. Die Zentralregierung in Sanaa hat mit dem Norden ohnedies schon genügend Schwierigkeiten, so daß sie froh ist, wenn die Stämme zumindest nicht aufmüpfig werden, sondern sich loyal und friedlich verhalten. Man drückt lieber ein oder beide Augen zu, wenn sich die Scheichs mit etwas abseits der Gesetze liegenden Geschäften befassen. Leben und leben lassen! Läßt du mich in Ruhe, lasse ich dich gleichfalls in Ruhe! scheint die Devise zu sein. Mit begreiflichem Mißtrauen schirmen sich solche Stammesfürsten gegenüber Fremden ab, und es war nur meinem schmalen Zettel zu verdanken, daß man mich überhaupt empfangen hatte.

General Hassan al-Amry

Die erste Begegnung mit dem damaligen starken Mann Jemens, General Hassan al-Amry, blieb mir in lebhafter Erinnerung. Gegen Mitternacht schreckte ich im Hotel hoch, als ein Militärwagen mit Sirenengeheul vorfuhr und ein Fallschirmjägerleutnant mich aus dem Bett holte, um mich zu General Hassan al-Amry zu bringen, der mich sprechen wollte, da ich der einzige Journalist während dieser schweren Tage in Sanaa war.

Der General war tagsüber und auch in den Nächten oft mit seinen Soldaten unterwegs, wenn die Royalisten wieder in die Stadt eindringen und darin Fuß fassen wollten. Die restlichen Nachtstunden »regierte« er und besorgte die üblichen Staatsgeschäfte, indem er mit Ministern und Scheichs konferierte und seine Entscheidungen traf. Wann der General schlief, wußte keiner so recht. Kam von den Außenposten irgendein alarmierender Telefonanruf, so preschte er mit den ständig bereitstehenden Fahrzeugen und seinem wilden Haufen, der ihm voll und ganz ergeben war, zu den betreffenden Einsatzstellen, um die Lage wieder zu bereinigen. Er beschränkte sich nicht damit, in irgendwelchen sicheren Kommando- oder Befehlszentralen zu bleiben, sondern er ergriff seine Kalaschnikow und ging zusammen mit seinen Leuten zum Angriff. Er war wirklich mutig, unerschrocken, tapfer und schlau wie ein Fuchs.

In einer engen Gasse stand ein schmaler Lehmpalast, vor dessen Eingang sich eine verwegene Schar von Haschid-Kriegern drängte. Mein Begleitoffizier boxte sich einen Weg bis zu der schmalen Holztüre frei, pochte dann mit dem Gewehrkolben in bestimmten Intervallen gegen das Holz, dann konnten wir uns mühsam in einen Hof zwängen, in dem ein großes Feuer lichterloh prasselte. Etwa 50 wilde Gestalten aus den Bergen mit umgehängten Patronengurten, Krummdolchen und einem Arsenal von Schußwaffen versuchten, sich in der kalten Nacht etwas zu wärmen. Es war die Kommandoeinheit und gleichzeitig die Leibwache des Generals, die immer um ihn war.

Durch eine kleine Haustüre, über Stiegen und Gänge, die alle mit Bewaffneten vollgestopft waren, ging es durch dieses labyrinthartige Haus bis zu einem Warteraum, in dem »vornehme« Regierungsmitglieder auf den General zu warten schienen. Neugierig und unwillig starrten sie mich an, als mich der Leutnant in eines dieser Männergemache brachte, wo die Beratungen stattfanden. Kostbare Teppiche und dicke dunkelrote Vorhänge schienen die an und für sich schon leise gesprochenen oder geflüsterten Worte gänzlich zu verschlucken. Ich packte mein Tonbandgerät aus und legte es zusammen mit dem Mikrophon aufnahmebereit auf den kleinen Tisch, als der General durch eine Tapetentüre zusammen mit seinem Sekretär, der auch Dolmetscher war, eintrat. Mit dem pockennarbigen Gesicht und der dunklen Brille machte der General einen maskenhaften Eindruck, der erst im Gespräch wieder verschwand. Er trat lachend auf mich zu, begrüßte mich mit einem beinharten Händedruck und wollte gleich wissen, ob mich die Royalisten durchgelassen oder wie ich sonst nach Sanaa – in den Kessel – hereingekommen war.

Sobald ich mein Tonbandgerät eingeschaltet hatte und die beiden Bandrollen zu rotieren begannen, tappte er mit seiner rechten Hand auf die Leerspule, worauf sich das Band wie ein unendlicher brauner Tatzelwurm aus dem Tonkopf herauswand und ein Chaos bildete. Al-Amry erklärte kurz und bündig: »Ich mag diese braunen Streifen nicht. Schalte den Kasten ab – wir wollen von Mann zu Mann sprechen, ohne diese Maschine da!«

Mir blieb nichts anderes übrig, als das Gerät wieder einzupacken, ich zog verärgert meine Schultern hoch. So hatte bisher noch keiner meiner Interviewpartner reagiert.

Ein Diener brachte Kaffee, und eine Stunde lang erzählte mir der General von seinen Problemen und Sorgen, was ich durch hingeworfene Fragen immer wieder anheizte. Die weißen Kongosöldner, welche durch die finanzkräftigen Saudiaraber angeheuert worden waren und die für die Royalisten kämpften, machten ihm damals große Sorgen. Ein erschreckend hoher Kopfpreis war auf jeden dieser europäischen Söldner – lebend gefangen oder auch nur für den abgeschnittenen Kopf – ausgesetzt. Einen dieser Söldner haben die Republikaner tatsächlich erwischt und ihn jahrelang völlig isoliert gefangengehalten, doch er hat nicht einmal seine Identität bekanntgegeben, geschweige denn andere Angaben gemacht. Was mit diesem Weißen dann später passiert ist, blieb ein Geheimnis. Al-Amry zeigte sich äußerst gesprächig, strahlte einen etwas künstlichen Optimismus aus, und an seinem Äußeren fielen mir unwillkürlich die struppig aus der ägyptischen Uniform herausragenden Zwirnfäden auf, da er sich die Kokarde und Generals-Dienstgradabzeichen anscheinend etwas ungeschickt selbst angenäht hatte.

Nach einer Stunde verabschiedeten wir uns voneinander ... Er gab mir noch die Zusicherung, ihn bei einem seiner nächsten Einsätze als Augenzeuge begleiten zu dürfen. Wir begegneten uns später noch etliche Male. Für mich war er ein typisches Symbol für den damals um seine »Republik« ringenden Jemen, und selbst seine ärgsten Kritiker gaben zu, daß es ohne die Hartnäckigkeit und Zähigkeit General Hassan al-Amrys wahrscheinlich kaum eine nordjemenitische Republik gegeben hätte, weil der härter werdende Druck der finanzkräftigen Saudis immer bedrohlicher wurde, während die Sowjets ihre Militärhilfe äußerst spärlich fließen ließen.

Dabei war al-Amry nicht unumstritten, er war einigen Scheichs, Politikern und auch Offizieren ein Dorn im

Auge. So kam es 1968 in Sanaa zu einer rätselvollen Revolte innerhalb der Armee gegen General Hassan al-Amry. Eine radikale Offiziersgruppe versuchte samt ihren Verbänden zu putschen und den General abzusetzen, der nur durch einen Zufall entkam, weil er länger als vorgesehen bei einem italienischen Arzt in Behandlung war. So erfuhr er rechtzeitig durch seine Leibwache von der Militärrevolution. Al-Amry fuhr sofort zu der vor Sanaa liegenden Panzereinheit und alarmierte gleichzeitig einige Haschid-Kampfverbände, die alle auf den General eingeschworen waren und von denen er wußte, daß sie unter allen Umständen auf seiner Seite standen. Die Kämpfe in einigen Straßen von Sanaa und um eine Kaserne dauerten nicht länger als zwei Tage, al-Amry war wieder unumstrittener Herr der Lage, während die Putschisten 322 Offiziere und Soldaten an Toten zählten. Diese Militärrevolte war angeblich vom Ausland inspiriert, und zwar von Aden – von der berüchtigten radikalen Bewegung »Haraka al-Qaumiyyin al-Arab«, arabische Nationalisten im Südjemen. Man wollte direkten Einfluß im Nordjemen gewinnen und dort auch ideologisch Fuß fassen, weil der im Nordjemen noch immer herrschende Stammesfeudalismus beseitigt werden sollte.

General Hassan al-Amry pardonierte die überlebenden Putschisten und gewährte ihnen freien Abzug ins Exil nach Algerien, da der algerische Botschafter nach der Niederschlagung des Putsches in Sanaa intervenierte, um ein Blutvergießen durch Exekutionen zu verhindern.

Im Prinzip hatte sich im Jemen nicht allzuviel geändert. Einen Imam hatte man vertrieben, aber dafür tauchten, wie bei einer Hydra, zahlreiche andere Köpfe auf, die sich an den Futtertrog der jungen Republik drängten. In der republikanischen Regierung in Sanaa wurden die Minister und »Deputyminister« (Stellvertreter) so häufig gewechselt wie anderswo die Hemden. Die mitkämpfenden mächtigen Stämme verlangten ein Mitspracherecht und einflußreiche Posten als Gegenleistung für ihre Loyalität. Wer Rang und

Namen hatte und etwas auf sich hielt, der war in Sanaa zumindest einmal Minister. Der angestrebte Sozialismus verflachte zunehmend und artete in eine Art Pseudosozialismus aus, denn am herrschenden System wurde nicht viel gerührt. »Kapital« und Reichtum blieben dort, wo sie seit jeher lagen: bei den mächtigen Scheichs – die Imam-Familie ausgenommen, die enteignet worden war. Besonders außerhalb der Städte, draußen auf dem Land, blieben alle gewachsenen und verkrusteten Stammesstrukturen so, wie sie seit jeher bestanden. Die Regierung in Sanaa gebärdete sich vorerst wie ein wahrer Papiertiger ohne wahre Macht über Land und Leute. Es herrschte ein merkwürdiger Zustand, da die Stämme keineswegs irgendwelche Steuern oder Abgaben an die Zentralregierung leisteten, sondern – im Gegenteil – die Regierung mit mehr oder minder großen Zuwendungen (Geld, Waffen, Straßenbau, Schulen etc.) die Stämme beschenkte und beglückte, damit diese bei der Stange (Republik) blieben, mitkämpften oder sich zumindest loyal verhielten und nicht zu den Royalisten überliefen. Gesetze und Verordnungen wurden für die ganze Republik erlassen, an die sich aber niemand hielt. Wenn kein Geld mehr »lagernd« war, wurden innerhalb weniger Wochen einige Kisten voll in London gedruckt und eingeflogen. Über Währungsdeckung, Inflation, Budgetpolitik oder Geldwirtschaft machte sich da niemand Gedanken, man hatte auch keine blasse Ahnung davon. Mit der Devise: »Wenn wir Geld brauchen, dann drucken wir genügend neue Banknoten«, schaffte man innerhalb kürzester Zeit eine Währung, die im Ausland den Wert von Altpapier besaß.

Stämme einzukaufen war sowohl für die Republik als auch für den Imam ein pausenloses Pokerspiel. Unscheinbare, geheimnisvolle Kuriere marschierten ständig quer durch die Linien, brachten endlos lange Briefe mit konkreten Angeboten oder Forderungen, und die Scheichs profitierten von dieser Konjunktur natürlich am meisten. Fast könnte man sagen, es herrschte so etwas Ähnliches wie eine

»freie Marktwirtschaft«, diktiert von Angebot und Nachfrage. Hinter den Kulissen ging es zu wie bei einer internationalen Weltmarktbörse für Kaffee oder Baumwolle, nur mit dem kleinen Unterschied, daß es da um mehr oder minder große Menschenmassen für einen Bürgerkrieg ging.

In diesem monatelangen Briefwechsel mit den verschiedenen Stämmen tauchte immer wieder ein einflußreicher und bedeutender Name auf: der Stamm der Bani Huscheisch beziehungsweise dessen Oberscheich Qassem Munassar. Was al-Amry für die Republik war – der bewunderte »starke Mann« –, war Qassem Munassar für die Royalisten, der vom Imam den militärischen Rang eines Generals verliehen bekommen hatte. Die Bani Huscheisch waren Sanaa besonders lästig und unangenehm, weil dieser Stamm bis knapp vor Rawda vorgedrungen war und die dort in der Nähe landenden und startenden Flugzeuge immer wieder beschoß und stellenweise auch die Straße nach dem Norden unter Feuer nahm oder gänzlich blockierte. Munassar saß also an einer empfindlichen Schlagader, und er hatte vom Imam al-Badr ein Dutzend moderner amerikanischer geländegängiger Lastkraftwagen mit aufmontierten schweren Bazookas und Schnellfeuerkanonen zur Verfügung gestellt bekommen, auf denen das Imam-Wappen prangte.

General Munassar war das würdige Gegenstück zu al-Amry. Dieser schlaue und agile Oberscheich der Bani Huscheisch war ein dürres Bündel von Sehnen und Muskeln, hatte ein mageres, eingefallenes Gesicht mit glühenden und tiefliegenden Augen, die ständig seine Umgebung kontrollierten. Sein kurzgeschorener turbanloser Kopf unterstrich die diabolische Wirkung noch. Bekleidet mit einer verschlissenen Uniformjacke und dem bis über die Knie reichenden Rock »Futa«, Sandalen, die die Zehen freiließen, Patronengurte um die Hüfte oder über die Schulter und ein Gewehr oder eine MP sowie der scharfgeschliffene Krummdolch im Gürtel ergänzten sein wildes, kriegerisches Aussehen. Bei Angriffen war er stets der erste, und seine Leute versuchten oft vergeblich, das Beispiel – das er ihnen bot – zu übertreffen. Munassar war eine der unbestrittenen Schlüsselfiguren in der royalistischen Bewegung und ein militärischer Faktor ersten Ranges.

General al-Amry korrespondierte wortreich mit seinem »Kollegen« General Munassar auf der gegnerischen Seite, während sich ihre Truppen täglich Gefechte lieferten und töteten. Nach einem vierwöchigen intensiven und geheimen Briefwechsel kamen beide Generäle überein, sich in einem außerhalb von Rawda liegenden, gartenähnlichen Hain allein und unbewaffnet zu treffen. Beide Briefschreiber schworen bei Allah und seinem Propheten auch schriftlich, daß dieses geheime Rendezvous für beide Seiten unverbindlich sein und vergessen werden sollte, falls es zu keiner Übereinkunft oder Einigung käme. Man gab schriftliche Garantien ab, daß dieses Geheimtreffen nicht Anlaß zu einem Hinterhalt, zu Mord oder Gefangennahme sein dürfe. Al-Amry und Munassar verzichteten auf Begleiter und Leibwache, es sollte ein Gespräch unter vier Augen ohne Zeugen werden. General al-Amry hatte ein eindrucksvolles Angebot übermittelt und versprach dessen Einhaltung, wenn Munassar entsprechende Gegenleistung erbrächte.

Von dieser hochpolitischen Geheimaktion wußten damals in Sanaa nur Staatspräsident Iriani, der kurz zuvor ein mit einer Bazooka durchgeführtes Attentat unverletzt überlebt hatte. Es war eine gewagte Pokerpartie, aber gerade Präsident Iriani sah darin eine Möglichkeit, einen Wendepunkt im jahrelangen festgefahrenen Bruderkrieg herbeizuführen, er befürwortete deshalb den Vorschlag des Generals.

Rawda liegt etwas außerhalb von Sanaa, eine eigene kleine Stadt mit einer großen Moschee und einem Sommerpalast des alten Imams, durchzogen von Weingärten und Hainen, hinter hohen unüberblickbaren Mauern. Man könnte Rawda als vornehme Vorstadt Sanaas bezeichnen.

Die Bani Huscheisch hatten nur zwei Kilometer davon entfernt ihre vordersten Sperrposten und Feuerstellungen. In jener denkwürdigen Nacht besprach al-Amry mit zwei Hauptleuten seiner Leibwache alle Einzelheiten und Eventualitäten. Beide Seiten waren übereingekommen, ihre Leibwachen mindestens 500 Meter vom eigentlichen Treffpunkt entfernt zurückzulassen, wobei unter keinen Umständen ein Bewaffneter die 1000 Meter breite »entmilitarisierte« Zone betreten durfte. Sowohl Munassar als auch al-Amry sollten einander in dem vereinbarten Hain allein gegenübertreten und sich zur Sicherheit gegenseitig nach Waffen absuchen. Erst nach dieser Formalität sollte das Gespräch beginnen.

Man hatte aus Vorsicht eine Nacht mit starkem Mondschein gewählt, damit die beiden Gesprächspartner ihre unmittelbare Umgebung gut sehen konnten. Kurz vor Mitternacht waren von der Terrasse des alten Imam-Palastes in Rawda, wo sich die Leibwache General al-Amrys postiert hatte, Motorengeräusch und der Lichtschein eines Autos wahrzunehmen. Der Wagen mit den beiden Lichtpunkten holperte in engen Kurven die Hügelkette herab, dem Stadtrand von Rawda entgegen. Hassan al-Amry suchte noch einmal seine Taschen nach eventuell verdachterregenden harten Gegenständen ab und ließ sich dann in einem russischen Wagen zu den letzten Häusern von Rawda bringen. Peinlich genau hielten beide Seiten die 500-Meter-Zone ein. Die beiden Hauptleute ergriffen noch hastig die Hand ihres Idols und versuchten, diese zu küssen und den obligaten Kniefall zu tun, was der General aber barsch stoppte. Er gab Anweisung, den Wagen zu wenden und auf ihn zu warten, ganz gleich, wie lange es auch dauern mochte. Nur wenn er bis Sonnenaufgang nicht zurückkäme, sollten sie mit der in Rawda liegenden Leibwache die Gärten und Haine durchkämmen. Er schärfte seinen beiden Offizieren nochmals ein, daß unter keinen Umständen einer seiner Leute den Sperrstreifen vor Sonnenaufgang betreten dürfe, ganz gleich, was auch geschehen mochte. Wenn sich jemand – egal, wer es auch sei – an diesen strikten Befehl nicht halte, den würde er erschießen lassen. Er habe sein Wort gegeben und seinen Schwur geleistet, er würde für immer im Jemen sein Gesicht verlieren, wenn er sich nicht daran halte. Die beiden Hauptleute murmelten ihrem General halblaut noch einige Wünsche mit auf seinen nächtlichen Weg, wendeten den Wagen und parkten im Mondschatten einer Mauer mit schußbereiten Waffen.

Al-Amry marschierte mit gewohnt bedächtigem, langsamem Schritt die menschenleere Straße entlang, passierte die letzten Häuser Rawdas und bog bei einem Brunnen in eine enge Gasse ein – auf einen Weg zwischen Gärten, die mit Bäumen und Weinstöcken bepflanzt waren. Im fahlen Mondlicht vermochte man die ganze Umgebung weithin deutlich zu sehen. Als al-Amry bei dem vereinbarten großen Hain angelangt war, verhielt er seine Schritte einen Augenblick und sah rings um sich. Er war nicht sicher, ob dies nicht doch vielleicht ein tückischer Hinterhalt, eine Falle war, in die er freiwillig hineintappte. Mißtrauisch kletterte er über eine eingestürzte Mauer und stand in dem riesigen, mit Bäumen bepflanzten Garten. Auf der gegenüberliegenden Seite bewegte sich katzengleich ein Schatten – General Munassar. Die beiden »starken Männer« gingen langsam aufeinander zu, blieben dicht voreinander stehen, murmelten eine arabische Begrüßung und tasteten sich gegenseitig nach versteckten Waffen ab. Dann aber schien der Bann gebrochen zu sein, und sie fielen einander temperamentvoll in die Arme, drückten einander die Hände und umarmten einander abermals.

In Charakter und Wesen, in Willen und Stärke, in der Schläue und persönlichen Tapferkeit, in der Verachtung der Todesgefahr, im Kampf und in ihren wesentlichen Ansichten herrschte zwischen al-Amry und Qassem Munassar nicht nur eine Art von Wahlverwandtschaft, sondern sie waren aus genau demselben Holz geschnitzt und hätten Brüder sein können. Sie kannten ihren Jemen, die Gewohnheiten und Tradition zu genau, um nicht zu wissen, welche tückischen Greuel in ihrem Land schon zur Gewohnheit geworden waren. In diesem Gespräch aber, obwohl es hochpolitisch war, ließen sie alle sonstigen Rücksichten und Floskeln fallen. Beide hatten sie keine ausgesprochene politische oder doktrinäre Überzeugung, daß sie sich vielleicht einer politischen Idee verpflichtet fühlten. Weder das »Für-den-Imam« des einen noch das »Gegen-den-Imam« des anderen war die politische Triebkraft ihrer Handlungen, sondern für beide Generäle war die eingetretene Situation – wie für jeden anderen Scheich – eine äußerst günstige und lukrative Gelegenheit, eine führende Position, Macht und Einfluß zu erreichen, und nicht zuletzt ein finanzielles Geschäft. Sie hingen sich zwar das imponierende Mäntelchen der Imam-Verteidigung beziehungsweise Imam-Bekämpfung um, weil das dem Kampf einen gewissen ideologischen, ja geradezu »heiligen« Nimbus verlieh. Aber die Realität in der Existenz und im Kampf der beiden Generäle war banaler. Munassar und al-Amry hatten auch auf dieser Ebene eine verblüffende Kongruenz aufzuweisen. Beiden »starken Männern« ging es in diesem Bruderkampf – soweit es ihre Person betraf – um keinerlei Ideale, sondern lediglich um persönliche Macht, um Einfluß und Geld. Der Krieg war für sie im Grunde genommen nur Mittel zum Zweck und eine nicht wiederkehrende günstige Gelegenheit. Unbestritten waren beide Generäle auch in dieser jemenitischen »Moral« Brüder, sie stimmten völlig überein in ihren Ansichten. Man solle sich hüten, den Jemen und seine Menschen nach unseren Moralmaßstäben messen zu wollen, für die Jemeniten waren al-Amry und Munassar – obwohl ihre Beweggründe völlig konträr waren – integre, tapfere und charaktervolle Führerpersönlichkeiten, zu denen man bewundernd und vorwurfslos aufsah. Die beiden Jemeniten sprachen deshalb eine gemeinsame Sprache, die sie auch zwischen den Zeilen verstanden.

In der Mitte des großen Haines hockten sich al-Amry

und Munassar auf den Boden und begannen halblaut und gestenreich ihr Gespräch im Mondschein. Argumente und Zahlen, Fragen und Antworten, Beschuldigungen und Mißtrauen, Namen und Termine, jüngste Vergangenheit und allernächste Zukunft – alles wurde systematisch diskutiert. Nur manchmal ereiferten sich die Stimmen, und der eine oder andere wurde zornig. Das Tauziehen und Feilschen wollten kein Ende nehmen. Die zeugenlose Unterredung dauerte von Mitternacht bis knapp vor Morgengrauen. Kühl ablehnend, zurückhaltend eisig ging die Verabschiedung vor sich. Die beiden Generäle trennten sich mit kalter Miene, ohne auch nur einen Funken Freundlichkeit zu zeigen oder merken zu lassen. Man konnte den Eindruck bekommen, daß sich zwei Todfeinde verabschiedet hätten, als beide langsam und mißtrauisch wieder zu ihren Fahrzeugen gingen.

Hajjah – wo einst meine Uhr blieb

Die Fahrt mit dem Wagen nach Hajjah zählt zu den wohl schönsten und unterhaltsamsten Routen im Jemen. In einer wahrhaft einmaligen und gewagten Trassierung verläuft die Asphaltstraße streckenweise in nahezu senkrechten Felswänden, wo sie hineingesprengt und -gehauen wurde, wie man es vorher nie für möglich gehalten hätte, wenn man diese gewaltigen Gebirgsmassive kennt. Der feuchtschwüle Dunst des nicht allzu fernen Roten Meeres liegt in Nebelschwaden zwischen den über 3000 Meter hohen schroffen Bergen und in den Tälern und verleiht dieser wilden Gebirgslandschaft einen Eindruck, als befände man sich in einer geisterhaften Welt über der Erde und zwischen den Wolken. Auf den schier unerreichbar erscheinenden Bergkämmen und in den schroffsten Felswänden kleben die steinernen Wohnburgen und Dörfer wie Schwalbennester, und jeder noch so winzige waagrechte Fleck Boden wird mühsam bebaut. Unzählige Terrassen schmiegen sich kunstvoll an die schwindelerregenden Abhänge und prägen so die ganze Landschaft. Unermüdlich und emsig trotzen diese Bergstämme dem kargen Boden ihre bescheidene Existenzgrundlage ab.

An der wohl übersichtlichsten Stelle dieser halsbrecherischen Gebirgsstraße, inmitten einer senkrechten Felswand, haben die Chinesen auf einem kleinen Aussichtsplatz ein Denkmal für diesen Straßenbau und alle dabei verunglückten Chinesen errichtet. Rationell und sparsam, wie Chinesen nun einmal bauen – noch dazu unter solch extremen Umständen –, weist diese tollkühn angelegte Asphaltstraße nur das äußerste Minimum an Breite auf, was bei engen Haarnadelkurven oftmals zu argen Schwierigkeiten führt. Der jemenitische Fahrer aber kennt am Volant nur einen einzigen Grundsatz, dem er abgöttisch huldigt: Schnelligkeit. Sie fahren alle wie Bankräuber nach vollbrachter Tat und finden es köstlich und geradezu sportlich, an völlig unübersichtlichen Stellen mit Vollgas und um Haaresbreite zu überholen. Wir hatten unseren Mohammed als Fahrer, der eine nervenaufreibende »anglophile« Fahrweise praktizierte, indem er an den unmöglichsten und gefährlichsten Stellen immer auf der linken Straßenseite fuhr und auch unübersichtliche Kurven grundsätzlich immer nur ganz links anschnitt, was häufig zu Überraschungen führte, wenn wir plötzlich einen riesigen Tankwagen oder großen Militär-Lkw vor uns hatten, der uns bis an den äußersten Rand des gähnenden Abgrundes abdrängte. Mohammed hatte ein sonniges Gemüt und jauchzte freudig bei derartigen Situationen. Er wies mit Koransprüchen auf die in unregelmäßigen Abständen am Straßenrand liegenden zahlreichen Autowracks, wobei er mir weise erklärte, daß man nicht so fahren dürfe wie jene Unglücksraben. Ganz gleichgültig, wo wir uns auch immer gerade befanden, Mohammed hielt an, stieg aus und ließ uns allein, wenn die vorgeschriebenen Gebetsstunden anbrachen. Zu Allah hatte er anscheinend sehr gute Verbindungen, denn er brachte uns – trotz seiner kriminellen Fahrweise – heil durch diese schwindelerregende Gebirgswelt, obwohl uns oftmals die Haare zu Berge standen und wir manchmal mit den Vorderrädern schon am ungeschützten Abgrund entlang rasten.

Hajjah selbst ist eine malerische und romatische Berg- und Provinzhauptstadt, liegt in einer Höhe von 1900 Metern über dem Meeresspiegel, umgeben von mächtigen Dreitausendern. Die Stadt hat im Bürgerkrieg eine bedeutende Rolle auf seiten der Republikaner gespielt. Nicht umsonst wird Hajjah schwärmerisch als die »Stadt des Sieges«, »Stadt der Märtyrer«, »Stadt der grünen Nebel« oder

»Stadt der hängenden Häuser« bezeichnet. Allein aus dieser Art der glorifizierenden Beinamen – die bei keiner anderen jemenitischen Stadt üblich sind – ist der Stellenwert von Hajjah deutlich erkennbar.

Dem Gouverneur mußte ich mein Empfehlungsschreiben der Regierung in Sanaa überbringen, aber erst nach drei vergeblichen Adressen hatten wir den Provinzgewaltigen ausfindig gemacht. Über enge Höfe und über hohe, steile Stufen erreichten wir in einem alten Haus einen kleinen Vorraum, auf dessen Boden ungeordnete Berge von ausgetretenen Schuhen lagen. Das typische Zeichen dafür, daß wir uns unmittelbar vor einem Männerraum befanden. Als wir uns unserer Schuhe entledigt, dadurch den Schuhberg größer gemacht hatten und durch eine niedere Türe gebückt eingetreten waren, standen wir – wie könnte es auch anders sein – vor einer Qat-Runde. In einer sicheren Ecke sog der weißgekleidete, unscheinbar wirkende Gouverneur gerade aus der Wasserpfeife und schob den Qat-Knollen von einer Backe zur anderen. Sechs andere hochrangige Jemeniten saßen um ihn herum und sahen mich Störenfried neugierig und mißbilligend an. Es gilt als unentschuldbare und grobe Unhöflichkeit, einen solchen Raum mit Schuhen zu betreten, und bei derartigen Begegnungen muß man – ein Gebot des Respektes – jedem Anwesenden die Hand schütteln, weil sich sonst jeder Übergangene diskriminiert fühlt. Der Händedruck muß unter allen Umständen mit der rechten Hand erfolgen. Gibt man mit der Linken die Hand, so ist dies eine offene Beleidigung, denn die linke Hand gilt als »unrein«, weil sich die Jemeniten (alle Araber) damit nach jeder Toilettensitzung mit Wasser den allerwertesten Hinterteil abwaschen. Das ist zwar eine harmlose und banale Grundregel, die man aber haargenau beachten muß.

Höchst aufmerksam las der Gouverneur meine vorgelegten Briefe durch, und damit war der Bann gebrochen. Wir genossen alle nur mögliche Unterstützung in seiner Hajjah-Provinz. Obwohl der Gouverneur Zivil trug, war er dennoch ein sehr hoher Offizier, der zum engsten Vertrautenkreis des Präsidenten gehört.

Ich marschierte kreuz und quer durch die Stadt, hinauf zum Fort und durch die Straßen voller Neubauten. Hajjah hatte nach der Konsolidierung im Land, als Dankbarkeit für die Republiktreue und all die Einsätze während dieses Bürgerkrieges, beträchtliche Entwicklungshilfe und finanzielle Unterstützung für alle möglichen Projekte bekommen, was man an allen Ecken und Enden deutlich merkt. Sogar ein hochmodernes Touristenhotel wurde auf einen Felsen hingebaut, das nur einen einzigen Nachteil zu haben scheint – es fehlen die Touristen, es steht meist leer.

Gegenüber steht ein Hügel mit etlichen Mauerresten, von wo aus man den besten Überblick über Hajjah hat. Und gleich unterhalb liegt der Fußballplatz, auf dem zu jeder Tageszeit hektisches Treiben herrscht. Spaziergänger und jugendliche Fußballspieler geben sich dort ihr Stelldichein – der Mittelpunkt des gesellschaftlichen Lebens der ganzen Stadt.

Apropos Fußballplatz! Was heute der Fußballplatz ist, war im Bürgerkrieg der Flugplatz. Ich bin diesmal zwar zum ersten Mal mit dem Wagen nach Hajjah gekommen, kannte die Stadt jedoch von einem eintägigen Besuch her, als ich auf andere Art nach Hajjah kam. Alle Zufahrtswege waren von den Royalisten abgeschnitten worden. Auf dem Hügel oben ließ ich meine Gedanken und Erinnerungen in die Vergangenheit schweifen.

Hajjah war damals ähnlich eingekesselt wie Sanaa, und den Stämmen mangelte es bereits an Munition, Waffen und auch an Verpflegung. Das Militär beschlagnahmte also einmal mehr die bereits beschriebene sagenhafte DC-3-Maschine der »Yemen-Arab-Airline« und belud sie mit Waffen, Munition und Verpflegung. Ich hatte nach vergeblichen Anläufen die Erlaubnis bekommen mitzufliegen. Ich kam gerade noch rechtzeitig auf der Piste an, als die Türe des Flugzeuges wieder mit dem schon sattsam bekannten Draht verschlossen werden sollte. Ich überreichte meinen schmalen Erlaubniszettel und war auch schon in der Maschine. Diesmal war Ali – ein dicker Jemenite – Pilot, während ein bärtiger Hauptmann den Kopiloten spielte. Ich wußte zwar, wo Hajjah auf der Landkarte zu finden war – nicht allzuweit von Sanaa entfernt –, hatte sonst aber keine blasse Ahnung, worum es im Detail ging. Am späten Nachmittag, knapp vor der Dämmerung, starteten wir mit einem Umweg. Wir sollten die Nacht in Hajjah bleiben.

Die Zeit war genau kalkuliert worden, als wir in diese wilde Gebirgswelt einbogen, einigen royalistischen Dörfern und Stellungen auswichen, um dann hoch droben Hajjah anzufliegen. Wir wurden nur relativ wenig beschossen, doch die nahen Dreitausender-Felswände und die düsteren Abgründe und Schluchten jagten mir mehr Angst ein, weil in dieser schroffen Landschaft im Ernstfall jede Notlandung unmöglich gewesen wäre und mit einer Katastrophe geendet hätte. In solch bangen Momenten beschimpfe ich mich meist selbst in aggressivster Art und führe böse Selbstgespräche mit mir, um mich über solche Minuten oder Stunden hinwegzumogeln: »Das hast du jetzt davon, weil du immer deine Nase in jeden Dreck hineinstecken mußt. Recht geschieht dir, wenn der krumme Vogel da in dem Felsgewirr abgeschossen wird oder einer der beiden Motoren schlappmacht – bei dem technischen Servicestandard gar nicht so unwahrscheinlich. Da unten in diesen Schluchten irgendwo gibt's dann den großen Krach samt Feuerball, die Royalisten werden Triumphgeheule ausstoßen, und von dir bleibt nicht einmal eine Grammel (Griebe) übrig. Ausgerechnet mit den bloßfüßigen Kameltreibern mußt du mitfliegen, anstatt schön brav daheim am Schreibtisch zu sitzen und Bücher zu schreiben, wie die meisten anderen Kollegen. Einmal wird's auch dich erwischen, da kannst du noch so aufpassen. Das war das letzte Mal – nie mehr wieder! Ich weiß, daß du das schon unzählige Male gesagt und Meineide solcher Art geschworen hast, aber . . .«

»Sahafi Nemsaui!« brüllte der Pilot durch den inzwischen gedrosselten Motorenlärm zu mir zurück und deutete mit seiner Hand nach unten. Sitz war keiner in der Maschine, so hockte ich auf einer Munitionskiste und verspreizte meine Beine, so gut es möglich war, um einigermaßen einen Halt zu finden. Knapp vor und unter uns sah ich diesen verdammt winzigen Flugplatz (heutigen Fußballplatz) rasant näher kommen. Der Platz war relativ kurz und davor ein Abhang, also mußte die vollbeladene Maschine genau »zielen« und vorne aufsetzen. Mit einem mächtigen Polterer bekamen wir Bodenberührung, gezurrte Seile rissen, und Kisten sowie Säcke flogen durch das Flugzeug. Die Bremsen des Fahrwerks quietschten herzerweichend, um den Vogel noch vor den ersten Häusern zum Stehen zu bringen. Als sich schließlich die Staubwolke gelegt hatte und die abgestellten Motoren keinen Laut mehr von sich gaben, starrte ich bei der kleinen Fensterluke hinaus, wo ein johlender Menschenhaufen uns freudig begrüßte und umringte. Wie bei einer Plünderung begannen die Stammeskrieger das Flugzeug zu entladen. Zwei Fässer Benzin hatten wir selbst mitgebracht, um die Maschine für alle Fälle auftanken zu können.

Wir wurden anschließend in ein großes, streng bewachtes Haus gebracht, das gleich unterhalb des Forts gelegen war und anscheinend einem der führenden Scheichs der Region gehörte. Im großen Männerraum fand das übliche üppige Essen und der eigentliche Begrüßungsempfang statt. Wir hockten alle auf dem Boden, wie es sich gehörte, und mein Platz war – ehrenhalber – gleich gegenüber dem Scheich, der tadellos englisch sprach. Sobald die Mahlzeit vorüber war, begann ein etwas merkwürdiger Dialog zwischen uns, der wahrscheinlich nicht nur für die momentane Situation, sondern auch für die jemenitische Mentalität bezeichnend war. Zu meiner eigenen Entschuldigung könnte ich höchstens vorbringen, daß ich nach dem Flug ziemlich gereizt und abgespannt war und dabei das flaue Gefühl im Magen hatte, am nächsten Morgen durch diesen

Hexenkessel wieder ausfliegen zu müssen. Das Gespräch mit dem Scheich begann höflich und geradezu banal, als er mich fragte: »Du hast eine schöne Uhr – ist das eine Schweizer Uhr?« Er beugte sich weit vor und ergriff meinen linken Unterarm, so wie er kurz zuvor die Lammkeule gepackt hatte, und betrachtete so meine »Heuer«-Armbanduhr aus der Nähe.

»Ja, das ist eine Schweizer Uhr«, versuchte ich seine Neugierde zu beschwichtigen und meinen Unterarm wieder freizubekommen.

»Laß sie mich genauer ansehen, Sahafi!« forderte er mich auf und ließ meinen Arm endlich frei. Mißmutig löste ich mit meinen fetttriefenden Fingern das Armband und reichte ihm meine »Heuer«, die mich auf all meinen abenteuerlichen Fahrten immer treu und verläßlich begleitet hatte und den Status eines Talismans besaß. Der Scheich nahm die Uhr in seine Hände und meinte dann: »Und wo sieht man, daß es eine Schweizer Uhr ist?«

»Ganz unten bei der Sechs steht ›Swiss made‹«, erklärte ich ihm geduldig und beobachtete meinen Gesprächspartner, der die Uhr nun ganz zur Petroleumlampe zog und den erwähnten Schriftzug zu entziffern versuchte.

»Und jeden Tag aufziehen muß man sie auch nicht – sie geht automatisch, wenn man sie immer an der Hand trägt?« erkundigte er sich mit einem lauernden Blick.

»Ja, das stimmt – es ist eine automatische Uhr«, stimmte ich ihm zu und war überrascht, als er sich meine »Heuer« um sein Handgelenk band.

»Gut – ich behalte deine Uhr, wenn sie automatisch geht«, erklärte er mir kategorisch und sah mich ganz stolz an.

»Das ist aber meine Uhr, die gehört mir!« betonte ich, durch sein Gehabe etwas mißtrauisch geworden.

»Jetzt gehört die Uhr aber mir, weil du sie mir schenkst«, erklärte er mir eigensinnig und grinste mich an.

Jetzt wurde ich verärgert, auch schon etwas böser und schärfer in meiner ganzen Tonlage. Alle Anwesenden hörten auf zu sprechen und starrten zu uns herüber, als wären es zwei Widder, die immer wieder mit voller Wucht gegeneinander rannten.

»Ich bin dein Gast, und du kannst mir doch nicht einfach in deinem Haus meine Uhr wegnehmen! Was werden da deine Leute und die Regierung in Sanaa, die mir die Erlaubnis gab, dich zu besuchen, dazu sagen?«

»Du bist nicht mein Gast, auch wenn ich dir zu essen gab, denn du bist einfach ohne Einladung zu uns gekommen – mit unseren Freunden mitgeflogen –, sonst nichts!« konterte er scharf, und sein Gesichtsausdruck zeigte kein Lächeln und Grinsen mehr.

Allmählich kroch in mir auch schon die Wut hoch, nachdem mir der Scheich meine »Heuer« auf solch eine miese Art und Weise abzuknöpfen versuchte.

»Ich schenke dir meine Uhr nicht, und wenn du sie trotzdem behältst und nicht zurückgibst, dann . . .«

Wütend fuhr der Scheich auf, der es anscheinend gewöhnt war, daß ihm niemand widersprach, und knurrte mich an: »Spare dir deine Drohungen, Sahafi! Du schenkst mir deine Uhr, und ich schenke dir« – dabei drehte er sich nach seinem Leibwächter um, nahm ihm seine Dschambija ab und legte den Krummdolch vor mich hin – »diese Dschambija! Dann haben wir uns beide ein Geschenk gemacht, und der Fall ist ehrenhaft erledigt!« Was blieb mir anderes übrig, als gute Miene zum bösen Spiel zu machen. Ich nickte mit dem Kopf. Der Bann und die Stille waren damit gebrochen, das Stimmengewirr der Anwesenden begann wieder heftig zu plätschern, während ich noch einen letzten Blick auf meine ehemalige »Heuer« warf.

Die Nacht verbrachte ich in einem Schlafraum, zusammen mit fünfzehn anderen Männern, in Decken gehüllt auf dem Fußboden eines großen Raumes. Nachts hörte man immer wieder Schüsse und Einschläge von Granaten, und am nächsten Morgen – die Sonne war noch nicht aufgegangen – starteten wir von diesem Miniflugplatz. Die Maschine hatte zwei Dutzend Verwundete geladen und war für den Rückflug leichter. Ich war auch leichter um meine Armbanduhr. Wir flogen auf einem Umweg, wo wir weniger beschossen wurden, zurück nach Sanaa. Der Scheich mit meiner Uhr fiel drei Wochen später bei schweren Kämpfen; er hatte mit meinem »Geschenk« keine allzu lange Freude gehabt!

Große Scheichs sterben schneller

Eines Tages hatten sich die Ereignisse überstürzt, als ein Lautsprecherwagen durch die Straßen von Sanaa fuhr und immer denselben Text hinausposaunte, der auch vom republikanischen Radiosender pausenlos verlesen wurde: »Die Stämme der Bani Huscheisch haben eingesehen, daß die neue Zeit für den Jemen bei der Republik und nicht beim Imam liegt, General Qassem Munassar hat sich deshalb entschlossen, mit seinen Stämmen, Kriegern und Waffen zur Republik überzutreten, und er ist entschlossen, künftig für die Republik zu kämpfen!« Das wirkte wie ein Keulenschlag.

Die Kunde eilte wie ein Lauffeuer durch das ganze Land, und es gab in diesen Tagen kein anderes Gesprächsthema mehr als Qassem Munassar. Der plötzliche Stellungs- und Richtungswechsel seiner Waffen hatte keine moralische Bewertung zur Folge. An eine plötzliche politische Läuterung dieses mächtigen Mannes glaubte natürlich kein Mensch, auch waren krampfhafte Motivierungen für die Sinnesänderung uninteressant und überflüssig. Allein die Fakten zählten. Um Munassar hatten sich Legenden gerankt, die geradezu in einen Kult ausarteten. »Qassem kommt!« riefen sich die Leute auf den Straßen begeistert zu.

Schon drei Tage später sollte der feierliche Einzug General Munassars mit seinen Kriegern in Sanaa stattfinden, und deshalb begannen fieberhafte Vorbereitungen für den Empfang. Mit Holz und Pappe errichtete man nach ägyptischen Vorbildern über die Straßen ragende riesige

Triumphbögen, und ein Meer von Fahnen und Fähnchen wogte im Stadtbild. Unrat und verwesende Hundekadaver wurden von den Haupt- in die Nebenstraßen geschafft, während man auf der für die Parade eilig errichteten Holztribüne schon die Plätze für das diplomatische Korps auszählte. Während General al-Amry nach wie vor mit seinen sirenenheulenden MG-Fahrzeugen und seiner Leibwache durch die Stadt preschte, herrschte im Hauptquartier der Armee heimliche Aufregung. Die Militärs wollten gegenüber allen Eventualitäten gewappnet sein und nichts außer acht lassen. Mit anderen Worten gesagt: Das Mißtrauen war größer als die offizielle Begeisterung. Es wurden auch Stimmen laut, daß dies alles nur eine Falle des trickreichen und raffinierten Munassar sei, der sich auf diese Art und Weise als Trojanisches Pferd mit seinen bewaffneten Stämmen in die Hauptstadt mogeln wolle. In solchen Fällen traut ein Jemenite dem anderen nicht eine Handbreit über den Weg. Munassar sollte deshalb nicht nur durch ein Spalier von waffenstrotzenden republikanischen Truppen einmarschieren, sondern an allen Straßenkreuzungen und strategisch wichtigen Punkten wurden Panzer und Geschütze postiert, während auf den Flachdächern ausgesuchte Scharfschützen saßen, die im Ernstfall den Wagen Munassars unverzüglich aufs Korn nehmen sollten.

Es war für den Jemen ein unbeschreibliches Fest, als Munassar mit etwa 15.000 seiner besten kampferprobten Krieger von Rawda her kommend in die Hauptstadt marschierte. Noch vor wenigen Tagen hatten sie sich wie Todfeinde bis aufs Messer bekämpft, über Nacht waren sie plötzlich Freunde und Brüder geworden. Aufrecht in seinem Wagen stehend, dahinter seine wild aussehende Leibwache, genoß Munassar diesen triumphalen Empfang. Eine ganze Reihe modernster amerikanischer Fahrzeuge mit montierten Waffen, die vereinbarungsgemäß alle gegen den Himmel gerichtet sein mußten, erregte besondere Bewunderung. Munassar begab sich gleich zu al-Amry auf die Tribüne, wo die brüderliche Umarmung

lautstark bejubelt wurde. Dicht aufeinanderfolgend marschierten die Bani Huscheisch dann an den Ehrengästen
vorüber. Es waren wilde, verwegene Gestalten aus den
Bergen, mit umgehängten Patronengurten und langen,
zotteligen Haaren, die ihre Waffen schwangen, als hätten
sie Sanaa gerade eingenommen. Zu Fuß und auf Lastkraftwagen paradierten sie an den Ehrengästen vorbei, und nur
einmal wurde die Situation kritisch, als einige Krieger
Munassars – obwohl gemeinsam beschlossen und verboten
– aus lauter Begeisterung in die Luft schossen, wie dies in
arabischen Ländern allgemein üblich ist. Die republikanischen Truppen hätten um ein Haar beinahe verheerend
reagiert, weil sie durch die zahlreichen Schüsse auf begin-
nende Kampfhandlungen schlossen. Auf den Fahrzeugen
der übergelaufenen Truppen prangte noch das Imam-
Emblem, das verhöhnt wurde. Munassar war der schärfste
Zahn des Imams, und seine Kehrtwendung kam deshalb
dem Zünglein an der Waage gleich.

Mit blumenreicher Sprache wurden die »Bekehrung des
Irregeführten« und die »Heimkehr des verlorenen großen
Sohnes« gefeiert, der in der Armee einen der höchsten und
einträglichsten Generalsposten erhielt. Die Wirklichkeit
hinter den Kulissen sah etwas schlichter und sachlicher aus,
denn in jener Nacht im Hain bei Rawda hatten die beiden
Generalskollegen miteinander um den Einstandspreis
gefeilscht wie neapolitanische Fischverkäufer.

General Qassem Munassar erhielt als Morgengabe und
Handgeld, sozusagen als Prämie für seine politische Läute-
rung, eine bis obenhin gefüllte Munitionskiste mit vier
Millionen Rial in baren Banknoten – frisch gedruckt in
London. Die Druckrechnung für die letzte Banknotensen-
dung war von der Regierung in Sanaa noch nicht bezahlt
worden. Die »Barzahlung« war ausbedungen worden, weil
Munassar von einem Bankkonto nichts wissen wollte. 500
fabriksneue russische automatische Gewehre mit 500.000
Patronen bildeten den zweiten Teil dieses nächtlichen
Vertrages. Munassar mußte sich allerdings verpflichten,

bereits in den nächsten Tagen mit seinen Kriegern aktiv in den Kampf gegen den Imam einzugreifen. Er wurde samt seinen Männern auf die republikanische Soldliste gesetzt.

Dieser Abfall der Bani Huscheisch hatte natürlich ein innenpolitisches Nachbeben, weil einigen anderen imamtreuen Stämmen plötzlich Zweifel kamen, ob sie auf der richtigen Seite kämpften. Neiderfüllt schielten sie auf dieses lukrative »Geschäft«, während gleichzeitig ihr Marktwert plötzlich sank.

Schon wenige Tage nach dieser Feier rückten die Royalisten wieder einmal gegen Sanaa vor. Nachts rollten dröhnend und kettenrasselnd die Panzer durch die Straßen der Stadt, bei den ersten Hügeln standen die Kanonen der Republikaner und schossen gegen eine nur zwei bis drei Kilometer entfernt liegende Ortschaft. Mit einem Landrover konnte ich, nach einem Umweg um die halbe Stadt, in die weite Ebene fahren, wo fünf alte russische T-34-Panzer schachbrettartig verteilt gleichfalls gegen die von den Royalisten besetzte Ortschaft schossen, gleichzeitig aber ein willkommenes Ziel für die dort verschanzten Feinde boten. Ich schlich hinter einem nach vorne fahrenden Panzer her, um Fotos und TV-Filmaufnahmen machen zu können. Mein Begleiter machte mich noch aufmerksam, daß ich mich bei den »hart« klingenden Abschüssen der royalistischen Bazookas immer sofort zu Boden werfen sollte, um dem Splitterregen der Raketen möglichst auszuweichen. In diesem höllischen Durcheinander war ich mit meinen Aufnahmen schon beinahe fertig, als ich plötzlich – wie von einem Faustschlag in der Magengrube getroffen – zusammenknickte und zu Boden sank. Ich besah und befühlte die Bauchgegend hastig – verletzt war, Gott sei Dank, nichts –, ein zackiger Granatsplitter steckte in der offenen Klappe meiner Leica-Ledertasche. Diesen Splitter trug ich lange Jahre immer als Talisman in meiner Geldtasche, bis mir eines Tages Straßenräuber in Panama die Geldbörse samt Granatsplitter gewaltsam abnahmen.

General Munassar lud die komplette Regierung zu

einem Gegenbesuch bei seinen Stämmen ein, nachdem er in Sanaa so triumphal empfangen worden war. Ich boxte mich bis zu dem legendären General im Hauptquartier durch, wo die Gänge mit Kriegern vollgestopft waren, die dort auf ihren Sold warteten.

Eine endlose Wagenkolonne verließ eines Morgens Sanaa und fuhr über Rawda den Hügeln und Bergen der Bani Huscheisch entgegen. Über steinige Ebenen, durch ausgetrocknete Bachbette, an ausgebrannten ägyptischen Tanks vorbei, in tief in den Boden gekerbten Fahrrillen und durch spärlich besiedelte Dörfer ging die Fahrt dahin. Dabei versuchte ein Wagen den anderen zu überholen, als gelte es, ein Buffet zu stürmen, alles in eine riesige, undurchsichtige Staubwolke hüllend. Es mochten wohl an die hundert, wenn nicht mehr Fahrzeuge gewesen sein, die sich durch die immer unwegsamer werdende Landschaft und durch achstiefen feinen Staub quälten. Die Wageninsassen riefen sich während der Fahrt Begrüßungen und Fragen zu, es herrschte eine ausgelassene Stimmung. Nach zweistündiger Fahrt erreichten wir den Sammelplatz außerhalb einer Ortschaft. Auf einem kleinen Hügel hockte General Munassar mit seinem kurzgeschorenen Kopf und den tiefliegenden stechenden Augen, er konferierte gerade angeregt mit einigen Unterscheichs. Es trafen mehr und mehr Menschen auf diesem großen Platz ein, von irgendwoher kamen einige Trommler und Musikanten anmarschiert und begannen mit einer eintönigen, schwermütigen Musik, um zum Schreittanz »Al-Bara« aufzuspielen. Dieser langsame Kriegertanz mit geschultertem Gewehr und gezücktem Krummdolch wird nur zu besonderen Anlässen getanzt, nur die besten und geschicktesten Tänzer nehmen daran teil. So einfach der Tanz auch aussieht, so beinhaltet er doch viele Symbole und kennt Varianten, wo der Verfolger zum Verfolgten werden kann und wo nur der Gewandteste den Applaus der Zuschauer erntet. Schon von weitem hörte man die aufheulenden Sirenen der Wagenkolonne des Generals Hassan al-Amry, der, von einigen gepanzerten Räderfahrzeugen und seiner Leibwache begleitet, in einem einstündigen Abstand der großen Kolonne gefolgt war und nun im Stammesgebiet der Bani Huscheisch von seinem neuen Verbündeten, General Qassem Munassar, brüderlich begrüßt wurde. Es herrschte ein Gedränge und Lärm, als sich die beiden Volkshelden umarmten und Seite an Seite durch die jubelnden Kriegerscharen marschierten. General Munassar kletterte auf das Dach des republikanischen Lautsprecherwagens, nahm das Mikrofon in die Hand und begann eine flammende Rede an die mäuschenstill zuhörenden Scharen. Er hatte eine verblüffende Rhetorik, die mitriß, und führte mit seinem Temperament auf dem Autodach nahezu Tänze auf. Er wollte jeden Zuhörer ansprechen, aber er wollte auch niemandem seinen Rücken zu lange als Zielscheibe darbieten und befand sich so, ständig redend und brüllend, in rotierender Bewegung. In den kunstvoll eingelegten Pausen kamen Beifall und Jubel auf. Die Leibwächter starrten stoisch und teilnahmslos in die Menschenmenge, um keine verdächtige Bewegung eines eventuellen Attentäters zu übersehen.

Nach einer weiteren Rede setzten sich die beiden neuen Blutsbrüder in den Schatten eines Baumes, umgeben von ihren engsten Vertrauten. Von dort aus führte die Fahrt dann gemeinsam weiter bis in die Residenzstadt Munassars, wo der Gefürchtete einen mehrstöckigen Steinbau bewohnte. Der kleine Vorhof war wie eine Sardinenschachtel voll mit Kriegern, und auch außerhalb der Generalsbehausung – auf einem ziemlich steil abfallenden felsigen Dorfplatz – drängten sich Tausende Menschen. Die gepanzerten Fahrzeuge al-Amrys mit ihren drohenden Kanonen und MGs hatten sich ganz oben postiert und blieben von ihrer Mannschaft besetzt. Man wollte sich auf keinen Fall eine Blöße geben. Jemeniten kennen Jemeniten. Während auf dem freien Platz von einem Lastwagen herab die obligaten Gratis-Brotfladen verteilt wurden, indem die Dinger wie fliegende Untertassen durch die Luft segelten und von den hungrigen Wartenden im lauten Wettkampf abgefangen wurden, lotsten mich zwei Offiziere der Leibwache al-Amrys zum Haus Munassars. Die Gänge und Stiegenaufgänge waren ebenfalls mit Wachen besetzt, und erst im zweiten Stockwerk wurde eine Türe zu einem großen Gemach aufgerissen. Die beiden Generäle saßen in einer Ecke auf dem Boden, und einige Minister und andere Auserwählte saßen redend und schmatzend neben ihnen. Schüsseln mit allen möglichen Fleischsorten, Saucen, Beilagen und Gemüse wurden gereicht, man suchte sich mit den Fingern die besten Stücke aus und stopfte sie in den safttriefenden Mund. Al-Amry und Munassar winkten mir mit ihren Hühner- und Hammelkeulen zu, und obwohl mir der Speichel im Mund zusammenrann, stieg ich zuerst vorsichtig über Schüsseln, Füße und Arme der Gäste und machte eine Serie von Bildern, bevor ich mich zu den vollen Schüsseln auf dem Boden setzte. Zwei Schweizer, Angehörige des Internationalen Roten Kreuzes, die in der Nähe ein Feldlazarett betrieben, und ich waren die einzigen Europäer bei diesem historischen Meeting. Als von der gegenüberliegenden Moschee, vom schlanken Minarett die Gebetsrufe des Muezzin ertönten, begann die Rückfahrt. Nun waren die Freundschaft und das neue Bündnis formell von beiden Seiten besiegelt, man hatte wechselseitig aus den Schüsseln gegessen, und der »gefährlichste Eckzahn aus dem bedrohlichen Gebiß« der Royalisten war damit gezogen.

Das war aber nur der Anfang eines stabilisierenden Umschwunges, denn in den darauffolgenden Monaten wurde die Straße Sanaa–Taiz freigekämpft und von allen Imam-Anhängern gesäubert. Somit war das Städtedreieck Sanaa – Hodeida – Taiz verkehrsmäßig jederzeit erreichbar.

General Qassem Munassar nahm mit seinen Stämmen an der Bekämpfung seiner ehemaligen Brötchengeber – Royalisten – rege teil und errang dabei beachtliche Erfolge, was nicht nur ihm, sondern auch den Bani-Huscheisch-

Stämmen einträgliche Privilegien einbrachte. Munassar war nicht nur in diesem einen Fall des Überlaufens zur lukrativeren Seite ein typisches jemenitisches Beispiel, sondern auch in anderer Hinsicht, die weit tragischer endete. Gleichzeitig ist dies ein spezifisches Exempel für einen Stammes-Ehrenkodex und eine präzise funktionierende stammesmäßige Eigengerichtsbarkeit.

General und Scheich Qassem Munassar war in seinem großen Stammesgebiet der mächtige Mann, zu dem alle kamen, die etwas benötigten und es auch bekamen. Er rief auch alle, wenn er sie für Kriege oder andere Zwecke brauchte. Das ist die seit jeher natürlich gewachsene, funktionierende soziale und gesellschaftliche Struktur der Stämme mit der obersten Instanz des Scheichs. Da schloß sich niemand aus, das war schon immer eine intakte Einheit des Gebens und Nehmens, die im Grunde genommen keinen Imam und keine Regierung benötigte. Alles, was an Fortschritt darüber hinausging, war eigentlich nur eine künstliche Konstruktion, von der niemand so richtig begeistert war. Auch für die Regierung in Sanaa war Munassar in Stammesangelegenheiten der Bani Huscheisch der einzig kompetente Mann, wenn der Stamm zum Beispiel Geld oder Waffen bekam, die er an seine Unterstämme weiterreichen sollte. Ich bin Munassar etliche Male begegnet; er war nicht nur stark und tapfer – ohne diese grundsätzlichen Eigenschaften wäre er von seinen Stämmen niemals als Scheich auserkoren und anerkannt worden –, sondern er war auch schlau, habgierig, unberechenbar und, wenn es notwendig war, auch tückisch, was aber im Jemen – wie bereits erwähnt – nicht als Nachteil angesehen wird.

Anfang 1970 erhielt Qassem Munassar von der Regierung in Sanaa 250 moderne russische Gewehre mit mehreren Kisten Munition sowie 50.000 Rial in Banknoten zur Verteilung für seinen Stamm. Im Jemen bezahlt kein Stamm oder Scheich Steuern an die Regierung, sondern – umgekehrt – die Regierung bezahlt Scheichs und Stämme.

Bei dieser »Lieferung« beging Munassar den Fehler, sich diese Regierungsgeschenke für seine eigene Residenz »unter den Nagel zu reißen«. Er vertröstete seine drei untergeordneten Scheichs damit, daß er die Verteilung im Moment nicht durchführen könne, weil er die Lieferung aus Sanaa für besondere Aktionszwecke zurückbehalten wolle. Ein Scheich kann ruhigen Gewissens alle außerhalb des eigenen Stammes begaunern, aber niemals den eigenen Stamm. Munassar verfiel dem Wahn, daß er mit seiner Stärke und seinem Einfluß ein mächtiger und völlig uneingeschränkter Stammesfürst war, der keinen Widerspruch duldete. Noch dazu war er ständig von einer ihm treu ergebenen, gut bezahlten und schußfreudigen Schar von Leibwächtern umgeben. Solche stammesinterne Palastrevolutionen auch innerhalb der Familien sind auch keine Seltenheit und werden mit allen nur tauglichen Mitteln verwirklicht. Die drei geprellten Unterscheichs verzogen keine Miene, als Qassem ihnen seinen Beschluß – die Lieferung zurückzubehalten – verkündete, es gab nicht das geringste erboste Wort gegen den großen Scheich, den sie auch gar nicht umzustimmen versuchten. Sie kannten Munassar gut genug, um zu wissen, daß es zwecklos gewesen wäre und ihn nur mißtrauisch und argwöhnisch gemacht hätte.

Die drei Scheichs verabschiedeten sich von Qassem wie immer, höflich und respektvoll, aber sie gingen nicht in ihre Häuser zurück, sondern schmiedeten als eine Art Femegericht im Schatten einer Baumgruppe ein tödliches Komplott. Für das Verhalten von Qassem fanden sie kein Verständnis, sie fühlten sich nicht nur betrogen, sondern auch zutiefst beleidigt und in ihrer Ehre gekränkt. Wenige Tage später fuhr Qassem Munassar in seinem Landrover zusammen mit seinen drei Unterscheichs, die ihm in diesem Falle als Leibwächter dienten, nach Sanaa zu einem Empfang des Staatspräsidenten. So trat er die letzte Reise seines Lebens an. Qassem setzte sich selbst ans Steuer des geländegängigen Wagens. An einer günstigen Stelle außerhalb des eigentlichen Stammesgebietes zogen die Scheichs ihre Waffen und zwangen Munassar, den Wagen anzuhalten. Sie führten ihren großen Scheich etwa 300 Meter weit weg von der Piste und hielten hinter einigen Felsen ihr »Gericht« ab. Munassar mußte sich setzen, dann hielten ihm die drei Scheichs vor, daß er nicht mehr ihr Stammesführer sei, weil er seine Leute schändlich betrogen und hintergangen habe. Qassem hätte wahrscheinlich an ihrer Stelle ebenso gehandelt, doch dürfte er sich in jenen letzten Momenten seines Lebens wahrscheinlich über sich selbst geärgert haben, daß er diesmal ohne seine Leibwächter gefahren war; zumindest der im Wagen mitgenommene Spaten hätte ihn mißtrauisch machen müssen. Schweigend hörte er sich die Reden seiner Unterführer an, versuchte aber mit keinem Wort, seine »Richter« umzustimmen oder gar um sein Leben zu betteln; was ohnehin nichts genützt hätte. Nicht einer, sondern alle drei Scheichs gaben die »Exekutionsschüsse« auf das einstige Idol ab, und gemeinsam verscharrten sie dann auch den Leichnam.

Der rätselhafte Tod des legendären Scheichs und Generals Qassem Munassar sprach sich schnell herum. Niemand wußte genau, wie es geschah und wo er verscharrt lag, aber jeder wußte, warum es getan worden war. Besonders die Armee versuchte den Tod Munassars zu klären, und die Regierung entsandte eine Kommission, bestehend aus einigen höheren Beamten des Innenministeriums und einer Gruppe Offiziere aus dem Hauptquartier. Verhöre wurden angestellt und unzählige Leute befragt, aber man stieß auf eine Mauer des Schweigens. Es fand sich kein einziger Mann, der auch nur ein Wort zum rätselhaften Verschwinden Munassars aussagen wollte, als hätte es überhaupt niemals einen Scheich Qassem Munassar gegeben. Ohne Zeugen gab es auch keinen Prozeß, und in Sanaa wollte man den Bogen nicht noch mehr überspannen. Es ist bekannt, daß sich die Stämme selbst regieren und selbst »richten«, und es ist höchst riskant, in derartige Stammesautonomien von Regierungsseite her einzugreifen. Das vorgefundene

Vermögen Munassars wurde nach einem strengen Verteilungsschlüssel auf die Stämme aufgeteilt, und das Leben ging so weiter wie bisher, denn alle waren mit dieser überlieferten Form von »Gerechtigkeit« einverstanden. Einer der drei erwähnten »Richter« wurde als Nachfolger für Munassar auserkoren, und die Stämme der Bani Huscheisch blieben weiterhin treu auf der Seite der Republik.

Die allgemeine Regel bestätigte sich auch in diesem Falle wiederum: Die großen Scheichs im Jemen sterben schneller – und höchst selten im Bett . . .

Die unterdrückten Juden im Jemen

Grundsätzlich erklärt der »Große Brockhaus«: »Anthropologisch stellen die Juden ein Rassengemisch dar. Sie bilden keine biologische, sondern eine sozial-religiöse Einheit. Von einer ›semitischen Rasse‹ zu sprechen ist unrichtig, da Semiten ein sprachwissenschaftlicher Begriff ist. Schon die ersten Juden vermischten sich nach biblischen Quellen mit Kanaanitern, Amoritern, Hethitern, Amalekitern, Kenitern und Ägyptern . . .« Da den Semiten auch die arabischen Völker zuzuzählen sind, die Juden als eigenständige »Rasse« nicht existieren, ist nach der vorstehenden anthropologischen Feststellung zum Beispiel der so häufig strapazierte Begriff »Antisemitismus« schwer einzuordnen, obwohl jeder weiß, was im Sprachgebrauch darunter zu verstehen ist.

Die Juden im Jemen haben jedenfalls einen wesentlichen und wertvollen Beitrag zur Entwicklung und Geschichte des Landes geleistet, ganz gleichgültig, ob man sie nun als jemenitische Juden oder Juden im Jemen bezeichnet. Sie waren ursprünglich jedenfalls auf allen Gebieten, nicht nur in der Kaufmannschaft und im Handwerk, sondern auch beim Militär und im kulturellen Leben stark und maßgebend vertreten.

Nur über ihre Herkunft sind sich die Wissenschaftler nicht ganz einig, und so existieren mehrere Thesen, wie die Juden ursprünglich bis in den Jemen vorgedrungen sind. Die Königin von Saba soll angeblich nach ihrem Besuch bei König Salomo eine größere Anzahl von Wissenschaftlern und Offizieren mitbekommen haben, die sich dann in

uralte Moschee von Sadda.

Ohne die begehrten Qat-Büschel ist der Jemen undenkbar.

... gibt kein gastfreundlicheres Land als den Jemen.

... ammdolchschmiede bei ihrer kunstvollen Arbeit.

…naa, die Hauptstadt des Jemens, ist nie erobert oder zerstört worden. So blieb die prachtvolle …chitektur der Häuser erhalten.

Im Norden (Sadda) wurden mit der Lehmbauweise sogar »Hochhäuser« geschaffen.

steinernen Wohnburgen im Süden stehen immer dicht beisammen.

Ein jemenitisches Mädchen in festlicher Kleidung.

Südarabien mit ihrer eigenen Kultur abkapseln und behaupten konnten. Andere historische Experten fanden Hinweise, daß bereits 24 v. Chr. der römische Feldherr Aelius Gallus mit seiner Armee eine größere Anzahl nabatäischer Soldaten von Herodes für seinen Eroberungsfeldzug bis in das Reich von Saba mitgenommen habe, die ebenfalls dort verblieben sind. Aus den ersten Epochen n. Chr. sind jedenfalls Inschriften von jüdischen Gräbern erhalten geblieben, die näheren Aufschluß geben. Mit ziemlicher Sicherheit kann angenommen werden, daß sich Juden in der vorchristlichen Zeit in etlichen Wellen entlang der arabischen Küste bis nach dem Jemen begaben. Es existierte ein jüdisches Königreich in Südarabien, in dem der Himjaritenkönig Dhu Nuwas (518 bis 525) das Judentum zur Staatsreligion erhob. Einen späteren Krieg gegen die Abessinier und Christen verlor König Dhu Nuwas, was eine Besetzung des Jemen durch die Abessinier und später dann durch die Perser nach sich zog.

Die Juden hatten auch in dieser Weltecke wahrlich kein leichtes Leben, im Gegenteil, sie wurden hart drangsaliert und diskriminiert. Kalif Omar vertrieb 643 bis 644 sowohl Christen als auch Juden, die nicht zum Islam übertraten, sondern nach Südarabien flüchteten, wo sie eine neue Heimat fanden. Die Juden mußten eine Kopfsteuer entrichten, erkauften sich damit jedoch eine gewisse persönliche Sicherheit und waren vor weiteren Verfolgungen sicher. Bezeichnend für den Status der Juden im Jemen waren die sogenannten »28 Omar-Bedingungen«, die das Leben der Juden regelten und zugleich auch prägten. Die Häuser der Juden durften nicht höher als die der Moslems sein; sie durften nur auf Eseln und nicht auf Pferden reiten. Die jüdischen Frauen und Mädchen durften keine Gold- oder Silberringe tragen, sondern höchstens solche aus Zinn oder Eisen. Es war ihnen nicht erlaubt, neue Synagogen zu erbauen, und auch die alten Synagogen durften nicht instand gesetzt oder renoviert werden. Juden war es bei Strafe verboten, sich gleich wie die Moslems zu kleiden, sondern sie mußten gelbe oder blaue Bänder oder Gewänder tragen, damit sie augenfällig erkannt und unterschieden werden konnten. Es war ihnen auch verboten, einen Gürtel anzulegen. Selbst beim Baden war streng darauf zu achten, daß diese farbigen Erkennungs- und Unterscheidungszeichen deutlich sichtbar blieben. Für die Regierung durften Juden grundsätzlich nicht arbeiten, und ein Jude durfte keinen moslemischen Untergebenen beschäftigen.

Man ließ ihnen jedoch die freie Religionsausübung und Rechtsprechung in den eigenen Gemeinden, nur das Erbrecht mußte nach islamischen Gesetzen angewandt werden. Viel später erst, im 17. Jahrhundert, ging Imam al-Qasim brutaler gegen die Juden vor, indem er sie mit Feuer und Schwert zum islamischen Glauben bekehren wollte und den Jemen als »Heilige Erde« deklarierte, auf der keine zwei verschiedenen Religionen Platz hätten. Viele Juden fanden dabei den Tod oder mußten ohne Hab und Gut in lebensfeindliche Verbannungsorte auswandern. Viel später holte man die Juden wieder in die größeren Städte zurück, weil man sie brauchte, da sie mit ihren Fähigkeiten – speziell im Handwerk und bei den Silberschmieden – unersetzlich waren. Sie mußten aber in eigenen gettoähnlichen Wohnvierteln hausen, die meist nicht von einer Mauer umgeben waren.

Als Imam Yahya 1904 an die Macht kam, wies er alle jüdischen Delegationen ab, die mit ihm verhandeln wollten, und befahl seinen Statthaltern, auf die Einhaltung der »28 Omar-Bedingungen« schärfstens zu achten. Er verordnete gleichzeitig eine progressive Kopfsteuer für alle Juden ab dem 13. Lebensjahr. Das Inkasso dieser Steuer mußten die Juden selbst durchführen und abliefern. Nicht genug damit, erließ Imam Yahya noch zusätzliche diskriminierende Verordnungen: Juden durften in Gegenwart von Moslems nicht laut sprechen; sie durften auch im Vorbeigehen einen Moslem nicht anstreifen oder berühren. Es war ihnen verboten, mit denselben Waren zu handeln wie die Moslems. Sie durften nur im Damensitz auf Eseln reiten (weil sie deshalb verlacht wurden). Sie durften auch bei strenger Strafe kein Geld gegen Zinsen verleihen, weil dies »zum Weltuntergang führt«. Juden war es auch zur Pflicht gemacht, vor Moslems immer ehrerbietig aufzustehen. Außerdem wurde die Latrinenreinigung den Juden übertragen, weil diese schmutzige und stinkende Arbeit keinem Moslem zugemutet werden konnte.

Die Juden hatten jedoch seit jeher rege internationale Handelsbeziehungen, die dem Jemen nützlich waren. Einen ganz besonders hohen Stellenwert besaßen die jüdischen Silberschmieden, die in großer Zahl vorhanden waren und nicht nur den hohen Inlandsbedarf mit ihrer wunderschönen Arbeit deckten, sondern auch für den Export dieser kostbaren Schmuckstücke sorgten.

Über die jüdische Literatur und Dichtung im Jemen gibt es zahlreiche Beweise, die Gegenstand von intensiven Forschungsarbeiten waren. Gerade wegen ihrer Minderheit – es waren nur etwa 100.000 Juden im Nordjemen – traten sie immer nur bescheiden im Hintergrund auf und taten sich nie besonders hervor. Unter den primitivsten und diskriminierendsten Verhältnissen bewahrten sie sich ihre kulturellen und religiösen Eigenheiten, es gab auch höchst selten Mischehen zwischen moslemischen und jüdischen Familien. Ausnahmen gab es, wenn Juden zum Islam konvertierten, was auch nicht häufig der Fall war. Überraschend gut waren die familiären Verbindungen zwischen jemenitischen und ausländischen Juden in aller Welt, speziell nach Palästina. Das jüdische Element innerhalb der islamischen Gesellschaftsordnung füllte wesentliche Lükken aus.

Die ersten größeren Auswanderungen jemenitischer Juden nach Palästina wurden unmittelbar nach dem Ende des Zweiten Weltkrieges verzeichnet. Als der Staat Israel dann existierte und aus aller Welt die Juden »heimholte«, rollte 1949/1950 der große Exodus der jemenitischen Juden ab, die mittels Luftbrücken nach Israel transportiert wurden. Die Massenauswanderung der Juden aus dem

Jemen hatte zur Folge, daß das Handwerk – besonders die Silberschmieden – in manchen Bereichen komplett zusammenbrach. Erst jetzt merkte man, was man mit den nicht allzusehr geliebten Juden verloren hatte. Höchst selten versuchten Moslems ihren Platz einzunehmen, was auch schon deshalb unmöglich war, weil die künstlerischen Fähigkeiten und jahrhundertealten Traditionen nicht zur Verfügung standen. Andererseits übten die wenigsten der nach Israel ins Exil gegangenen Juden in ihrer neuen Heimat ihre meisterhaften handwerklichen Berufe aus und vermochten sich daher nur schwer in die ungewohnte, hochmoderne israelische Zivilisation einzufügen und anzupassen.

Es existieren keine halbwegs exakten oder glaubwürdigen Volkszählungsziffern, wie viele Juden noch heute in der »Arabischen Republik Jemen« (Nordjemen) verblieben sind; man schätzt sie auf etwa 5000 und nicht mehr. Obwohl die offene Konfrontation zwischen Israel und den arabischen Staaten die in der islamischen Welt verbliebenen Juden oftmals in arge Bedrängnis brachte, werden die im Jemen noch ansässigen Juden völlig gleichberechtigt behandelt. Sie haben freie Religionsausübung und können über ihr kulturelles Leben eigenständig und autonom bestimmen. Die Juden im Jemen gelten heute nicht mehr als jemenitische Juden, sondern als jüdische Jemeniten, was für Kenner des Landes einen gewaltigen Unterschied ausmacht.

Marib – Die Königin von Saba und der Staudamm

Das kulturhistorische Zentrum des Jemen – sozusagen sein einmaliges weltberühmtes historisches Markenzeichen – liegt geographisch abseits im Osten des Landes: in Marib. Die durch Arabien führende Weihrauchstraße, das sagenhafte Reich der Königin von Saba mit seiner wechselhaften Geschichte, seinen Kriegen, Eroberungen und Fremdherrschaften, ließen diese Region zum Zentrum der ganzen südarabischen Kultur werden, die an die 3000 Jahre zurückreicht. Manche Wissenschaftler vertreten die Meinung, daß diese einstigen südarabischen Reiche in der damaligen Zeit neben den Römern, Griechen und Ägyptern die vierte Weltmacht darstellten.

Besonders die schillernde Figur der angeblich sagenhaft schönen, klugen und faszinierenden Königin von Saba – Bilqis – regte die Phantasie so mancher Geschichts- und Geschichtenschreiber an. Über ihre Herkunft sind sich allerdings die Historiker völlig uneinig, denn die einzige schriftliche Information über die Herrscherin stammt nur aus der Bibel. In keiner einzigen Steininschrift ist die Königin von Saba erwähnt. Man vermutete sogar, daß Bilqis das schöne Oberhaupt der Sabäer war, als dieses Volk noch aus Nomadenstämmen bestand. In dieser Zeit gab es ja bekanntlich in der arabischen Welt mehrere Königinnen. Die Sabäer selbst hatten als kriegerischer und räuberischer Stamm keinen allzu guten Ruf in der Geschichte, wie schon im Buch Hiob berichtet wird. Bilqis mischte bereits aus dem Hintergrund während der Herrschaft ihres Vaters in der Politik ihres Landes mit und erbte dann den Thron und das Reich. Dieser sagenhafte Thron soll angeblich gigantische Dimensionen gehabt haben: 80 Arme breit und hoch. Jede noch so kleine Fläche war mit kostbaren Edelsteinen und Perlen besetzt. Bei solcher Pracht, Größe und Herrlichkeit fielen automatisch alle Besucher und Bittsteller vor Bewunderung und Ehrfurcht auf die Knie.

Es existiert allerdings noch eine andere Herkunftstheorie für die Königin, denn auch die Äthiopier reklamieren den Ursprung der Königin Bilqis für sich und behaupten – gestützt auf historische Hinweise und Aufzeichnungen –, daß die Königin von Saba einst aus Äthiopien aufgebrochen sei, um über Arabien König Salomo zu besuchen, mit dem sie das Lager geteilt hätte. Nach ihrer Rückkehr habe sie dann ihren Sohn Menelik geboren, der ja bekanntlich die Schlüsselfigur für die Abstammung der Äthiopier war.

Eine wissenschaftlich fundierte, einhellige Meinung oder einzige »Wahrheit« über die Herkunft der Königin von Saba gibt es leider nicht; alle noch so verschiedenen Thesen wären praktisch und theoretisch durchaus möglich gewesen.

Marib, 192 Kilometer östlich von Sanaa, 1160 Meter über dem Meeresspiegel gelegen, am Rande der Wüste Rub al Khali, weist jedoch noch Bauwerksreste jener sagenumwobenen Zeit auf, die den Wissenschaftlern nach wie vor Rätsel aufgeben. Etwas außerhalb der alten Stadt Marib, deren mächtige Lehmhochhäuser sowohl von den ägyptischen Bomben als auch vom Zahn der Zeit zerstört wurden, stehen noch die imponierenden Reste des großen Tempels der Königin von Saba. Eine bewundernswerte Architektur mit 32 Säulen, verschiedenen Höfen, alles umgeben von einer neun Meter hohen Schutzmauer. Exakt behauene Felsquader, die millimetergenau eingepaßt wurden, beweisen eine bewundernswerte handwerkliche Baumeisterkunst, die man heute in dieser Präzision bei Steinmauerwerken kaum mehr kennt. Aber auch einige andere Tempel für den Mondgott sowie der Baran-Tempel in der unmittelbaren Umgebung von Marib dienen als Beweis für die Bedeutung, die Macht und den unermeßlichen Reichtum des Reiches der Königin von Saba. Legenden haben sich über die Pracht und den Reichtum der Herrscherin gebildet, in denen es von Gold, Perlen und Edelsteinen strotzt.

Das bekannteste und größte Bauwerk aus jener Epoche ist mit Abstand der Staudamm von Marib – ein wahres Weltwunder –, nur wenige Kilometer von der Stadt Marib entfernt im Wadi Dhana. Schon 900 Jahre v. Chr. wurde dieses für die damalige Zeit gewaltige Bauwerk mit seinem raffinierten Kanal-, Schleusen- und Bewässerungssystem erbaut, indem man die beiden Felshänge von Balaq mit einem 35 Meter hohen und 350 Meter langen Staudamm miteinander verband. Der 150 Meter lange zusätzliche Jufaina-Damm an der Nordseite besorgte die Aufteilung der Wassermenge in zwei verschiedene Schleusenkanäle. Damit konnten im Norden und Süden je eine landwirtschaftliche Anbaufläche von 10 mal 180 Kilometern künstlich bewässert werden, indem man die Schleusen nach einem errechneten System betätigte. Das ergab eine Grundnahrungsmittelproduktion, die nicht nur die ganze unmittelbare Region ernährte, sondern darüber hinaus auch noch für einen Überschußexport reichte. Besonders das Schleusenkanalsystem erregte die Bewunderung von Ingenieuren unserer Zeit, die keine bessere technische Lösung hätten finden können.

Der große Damm von Marib brachte aber nicht nur Segen und satte Zufriedenheit, sondern auch reichlich Kummer und Unglück. Ungefähr 400 Jahre n. Chr. brach ein weltuntergangähnliches Unwetter mit einem sintflutartigen tagelangen Wolkenbruch los, dessen Wassermassen den Damm zum Bersten brachten, wodurch die ganze Gegend überschwemmt wurde und zahlreiche Tote zu beklagen waren. Der Staudamm wurde unmittelbar danach wieder repariert, aber bereits wenige Jahre später brach der Damm durch ein Naturereignis abermals und richtete verheerende Schäden an. Auch diesmal wurde der Marib-Stau-

damm mit Hilfe der gesamten Bevölkerung wiederherge-
stellt. Um die Mitte des 6. Jahrhunderts n. Chr. wieder-
holte sich durch Unwetter zum dritten Mal der Dammbruch, dabei wurde das mittlere Dammsegment völlig
weggeschwemmt, und das war dann auch das vorläufige
Ende dieses Weltwunders. Nach einer anderen historischen
Version geriet der Jemen im 6. Jahrhundert n. Chr. unter
die Herrschaft der Sassaniden, die das Land eroberten und
dabei auch den Marib-Staudamm zerstörten.

In der 34. Sure des Korans wird ganz deutlich gesagt:
»Und da sandten wir über sie die Flut des Dammbruchs
und vertauschten ihnen ihre beiden ›Gärten‹ mit zwei Gärten von bitterer Speise und Tamariske . . .« Es wurde also
dahingehend interpretiert, daß diese Reiche in Südarabien
in Überfluß, Prunk und gotteslästerlichem Hochmut lebten und deshalb von Gott so bestraft worden waren. Eine
Art Parallele zur christlich-biblischen Sintflut also, die
auch im islamischen Koran Eingang gefunden hat.

Aus den prächtigen Gärten bei Marib wurden nach dem
letzten Dammbruch öde, wüstenähnliche Landstriche, wo
kaum ein Grashalm mehr gedieh. Die Stämme wanderten
nach dem Norden aus.

Eine der wesentlichsten wissenschaftlichen Forschungsarbeiten in Marib führte ein amerikanisches For-
schungsteam 1951/52 durch, was jedoch – trotz offizieller
Erlaubnis und Förderung durch den Imam – zu bedrohlichen Spannungen und Konflikten mit den örtlichen Stämmen führte. Die Arbeiten mußten schließlich panikartig
abgebrochen werden, und die Expeditionsteilnehmer
konnten sich nur durch eine überstürzte Flucht nach Aden
retten. Einige der wissenschaftlichen Forscher haben sich
im Jemen nicht sonderlich beliebt gemacht, weil sie versuchten, Funde zu verheimlichen und ins Ausland mitzu-
nehmen. Besonders die orthodoxen Stämme sehen es nicht
gerne, wenn immer wieder »Ungläubige« in den Jemen
kommen, in der alten Vergangenheit herumwühlen und
nach alten Zeichen, Steinen, Schriften und Beweisen

suchen. Es sieht so aus, als wollten sie solche rätselvollen Geheimnisse ihrer Herkunft und ihres Ursprungs mit allen Mitteln hüten und um keinen Preis preisgeben. Angeblich sind auch im Koran einige Stellen nachzulesen, wo vor »unerlaubten Studien« gewarnt und mit Strafen Gottes gedroht wird. Die örtlichen Stämme und Scheichs in der Region von Marib haben sich schon seit jeher wenig oder gar nicht um Anweisungen, Genehmigungen oder Briefe vom Imam oder der Regierung in Sanaa gekümmert, sondern ihre ureigenste Stammespolitik praktiziert.

Mit dem Wagen von Sanaa nach Marib zu fahren war noch vor einigen Jahren immer mit einem gewissen Risiko verbunden. Die dabei notwendigerweise auf staubigen, unwegsamen Sandpisten zu durchfahrenden Stammesgebiete waren bekannt dafür, daß Fahrzeuge oder auch Fahrzeugkolonnen plötzlich an unübersichtlichen Stellen von Stammeskriegern angehalten wurden. Egal, ob Touristen, Regierungsbeamte oder andere Passagiere in den Autos saßen, man kannte keine Ausnahmen und setzte diese Passanten einfach fest, bis sie sich bei dem betreffenden Scheich selbst loskauften oder bis die Regierung in Sanaa entsprechende Sach- oder Geldlieferungen zusicherte. Oder man beraubte sie schlicht und einfach nach alter Tradition. Wenn es besonders gut ging, kassierten die Stämme nur eine Passagegebühr und erlaubten dann die Weiterfahrt durch ihr Stammesgebiet. So manche wissensdurstige Touristengruppe landete so unfreiwillig in einem »Abenteuer-Urlaub«. Als besonders agil auf diesem Wegelagerersektor galten die wilden Chaulani-Stämme aus den Bergen, die allein durch ihr verwegenes Aussehen schon Furcht einflößen und die die republikanische Regierung in Sanaa als gänzlich nebensächliche und uninteressante Privatvereinigung ansehen. Von der Regierung ausgestellte Reise-Permits, Empfehlungsschreiben von Ministern oder ähnliche amtliche Reisedokumente wurden mit Vorliebe ostentativ mißachtet, verlacht, zerknüllt, verbrannt oder laut lachend zum Zigarettenanzünden verwendet. Mit diesen störrischen und der Regierung feindlich gesinnten Stämmen ist nicht zu spaßen, denn deren Scheichs können innerhalb weniger Stunden mindestens 40.000 schwerbewaffnete Krieger auf Lastkraftwagen nach Sanaa karren, um bei der Regierung auf nachdrückliche Art und Weise Reklamationen oder Forderungen vorzubringen oder auch nur ihren Unmut und ihre Unzufriedenheit unmißverständlich kundzutun. Das ist keine Theorie, sondern passierte bereits zweimal. Seither sind die erwähnten Straßensperren – teils mit Kanonen oder Panzern verstärkt – an nicht umgehbaren strategischen Straßenpositionen installiert worden. Derartige innenpolitische »Einlagen« will man tunlichst vermeiden, weil sie mit einem lawinenartigen Nachahmungseffekt ein bedrohliches Chaos im Staat verursachen könnten.

Um diese Achillesferse zu entschärfen, setzte die Regierung alles daran, die Asphaltstraße nach Marib eiligst fertigzustellen, was nur mit entsprechender militärischer Absicherung möglich war. Dennoch kam es beim Straßenbau zu kriegerischen Zwischenfällen mit den Stämmen, die genau wußten, wozu die Straßen dienen konnten. Außerdem baute man gleich einen Flugplatz in Marib, der fallweise auch für militärische Zwecke verwendet wird. Man ging auch davon ab, Scheichs aus der Stammesregion als Gouverneure in Marib einzusetzen, sondern entsandte sicherheitshalber verläßliche Revolutionsoffiziere für diesen Posten, obwohl diese hohen Regierungsbeamten oftmals keine Uniform tragen. Eine beachtliche Militärgarnison ist außerhalb von Marib in einem Camp untergebracht und trägt sicherlich dazu bei, die Scheichs mit ihren Stämmen in Schach zu halten. Die durch die Berge führende Asphaltstraße hatte schließlich auch noch einen weiteren guten Grund, auf den ich später noch näher eingehe: das Erdöl, das in der Provinz Marib gefunden wurde und vorläufig noch mit Tankwagen zur nahe gelegenen Raffinerie und von dort dann nach der Verarbeitung herausgefahren werden muß.

Die Autofahrt nach Marib ist heute eine Touristenattraktion ersten Ranges, die sich nicht nur die Touristen, sondern auch die Einheimischen aus dem ganzen Land nicht entgehen lassen, da heute Ruhe, Ordnung und auch Sicherheit garantiert sind.

Die als Silhouette aus der Entfernung imposante Altstadt von Marib ist größtenteils zerbombt und verfallen und nur mehr von wenigen Menschen bewohnt, da sich in einiger Entfernung bereits die neugebaute Stadt befindet, wo auch neue Infrastrukturen vorhanden sind.

Das abgelegene und früher größtenteils vergessene Marib ist in den letzten Jahren zum konzentrierten Schwerpunkt des Jemen geworden; nicht nur aus einmaligen historischen, sondern auch aus wirtschaftlichen Gründen. Zwei Kilometer talaufwärts vom alten Weltwunder-Staudamm im Wadi Dhana, der ein volles Jahrtausend in der Antike äußerst segensreich in Betrieb war, sollte ein neuer Staudamm mit gleichen Funktionen wieder entstehen. Präsident Zayed von den milliardenreichen »Vereinigten Arabischen Emiraten« am Ölgolf machte das neue Staudammprojekt, das unter dem Namen »Al-Janat-Project« (Garten Eden) anlief, zum Geschenk an den armen Bruder Jemen. Die sagenhafte Provinz Marib soll damit wieder auferstehen und ein fruchtbares, reiches Land werden, in dem die »Gärten« wieder prächtig gedeihen. Dieses gewaltige Damm- und Bewässerungsprojekt wurde der türkischen DOGUS-Gesellschaft zur Ausführung übertragen, kostet 100 Millionen Dollar und soll zu einem Symbol des neuen Jemen werden. Der aufgeschüttete neue Marib-Erddamm hat einen Betonkern im Sockel, mißt an der Basis 230 Meter, ist an der Dammkrone 760 Meter lang und weist eine Höhe von 40 Metern auf. Die sechs Meter breite Dammkrone ist als Straße ausgebildet und für Autos befahrbar. Nicht weniger als 16 Täler der Dhamar- und Jihana-Region liefern ihr saisonmäßiges Regenwasser in diesen Stausee, der eine Fläche von 75 Quadratkilometern bedeckt und bis zu 400 Millionen Kubikmeter Wasser zu speichern vermag. Diese Wassermenge reicht aus, um 9000 Hektar landwirtschaftliche Fläche durch ein Schleusenkanal- und Bewässerungssystem ganzjährig zu bewässern und fruchtbar zu machen. Das ganze Projekt dient ausschließlich der Landwirtschaft und nicht der Gewinnung elektrischer Energie. Gebaut wurde der Damm ohne jede Unterbrechung in Zwölfstundenschichtarbeit, was bei dieser Grillhitze unvorstellbar schwierig war.

Der Staudamm und die Bewässerungskanäle sind bereits fertiggestellt, mit dem Wasser siedelte sich eine ganze Reihe verschiedener Vogelarten in der Gegend an, und in absehbarer Zeit wird saftiges Grün das versengte Wüstengelb ablösen.

Als ich oben auf der Dammkrone entlangmarschierte und Hunderte Menschen auf dem Damm spazieren und am Ufer des Stausees baden sah, die aus allen Landesteilen mit ihren Familien in Autos und Bussen angefahren kamen, mußte ich unwillkürlich hinunter zu den Schleusenresten des alten Dammes blicken. Nicht zwei Kilometer, sondern mehr als zwei Jahrtausende liegen zwischen diesen beiden Marib-Dämmen. Trotz unserer hochtechnisierten Ingenieurkunst folgten die Dammerbauer von heute jedoch im Prinzip – speziell mit dem Kanal- und Bewässerungssystem – haargenau den Baumeistern des alten Staudammes, die damals nur händisch arbeiten und mit Kamelen den Transport besorgen konnten. Wie mag es damals während der Hochkultur der Königin von Saba in dieser heute wüstenartigen Landschaft ausgesehen haben? Sicherlich hat sich auch das Klima in Südarabien innerhalb der letzten Jahrtausende gravierend verändert, aber die Bewohner des Landes haben seit jeher, bis zur Gegenwart, mit kunstvollen und umfangreichen Terrassenkulturen dem kargen Boden der Steilhänge jeden nur möglichen Ertrag abgerungen. Vielleicht kann man eines Tages das heutige Marib-Staudammprojekt mit den erstaunlichen israelischen landwirtschaftlichen Kultivierungsbemühungen und Erfolgen in der Negev-Wüste vergleichen.

In einem kleinen jemenitischen Restaurant neben der Hauptstraße stürzten wir uns heißhungrig über Fleisch und scharfe Bohnen und zerrissen die großen, zähen Brotfladen, um damit auch noch den letzten Rest der würzigen Sauce herauszutunken. In die einheimischen Küchen sieht man besser nicht genauer hinein, sonst läßt der Hunger rapide nach. Draußen auf der Straße dröhnten die Motoren einer ganzen Kolonne von riesigen Öltankwagen, die in Richtung Sanaa fuhren und schließlich hinter ihren stinkenden schwarzen Diesel-Auspuffwolken verschwanden.

Auf keinem anderen Platz im Jemen prallen die Reste der jahrtausendealten Hochkultur mit unserer modernen Gegenwart so heftig aufeinander wie in Marib.

Ein Hinweis ist in diesem ganzen Kontext sicherlich besonders bemerkenswert: Der international bekannte Archäologe und Orientalist Gabriel Mandel berichtet in seinem Buch »Das Reich der Königin von Saba« wortwörtlich u. a.: ». . . Es sei auch noch darauf hingewiesen, daß im Koran, Sure 18,94-97, eindeutig von atomaren Strahlungen gesprochen wird – im Zusammenhang mit der Zerstörung südarabischer Städte auch an anderer Stelle des Korans. In der gleichen Sure 18,65 wird eine Geheimwissenschaft erwähnt, die Gott nur wenigen Eingeweihten gelehrt hat und die von ihnen an Moses weitergegeben wurde. Dul Qarnayn ließ gegen die zerstörerischen Kräfte Gog und Magog einen Wall aus Metallplatten errichten; dennoch wurde ein riesiges Gebiet von diesen Kräften zerstört. Heute werden zum Schutz gegen Atomstrahlen Bleischirme verwendet, die es im Arabien des Altertums noch nicht gab; Eisen wurde ebenfalls noch nicht gegossen – dennoch ist sowohl in Legenden als auch in Epigraphen aus der Zeit von ›metallenen‹ Wänden, von Platten und Blöcken, von Rohren und Kanälen die Rede . . .«

Derartige Fakten und eindeutige Hinweise lassen einen im Jemen unwillkürlich nachdenklich werden.

Der Mord im Hauptpostamt

Wenn der damalige Ministerpräsident und Oberbefehlshaber der Armee Hassan al-Amry mit dem Sirenengeheul der begleitenden MG-Fahrzeuge im höchsten Tempo wie ein unheildrohender Wirbelwind durch die Straßen der Hauptstadt Sanaa preschte, scherten alle anderen Straßenbenützer eiligst an den Straßenrand aus oder fuhren vorsichtshalber auf die Gehsteige hinauf. Der General war für die junge Republik der Inbegriff der Stärke, die Inkarnation für Unbesiegbarkeit und Macht, eine Autorität, der man sich gerne unterwarf oder zumindest unterordnete. Al-Amry war keineswegs eine außergewöhnlich intelligente Person, aber diese Eigenschaft war in den Jahren der Revolution auch gar nicht gefragt. Al-Amry war der typische schlaue und tapfere »Scheich« – obwohl er abstammungsmäßig kein Scheich in irgendeinem Stamm war –, der die traditionellen jemenitischen Gewänder samt Turban mit einer modernen ägyptischen Militäruniform getauscht hatte. In traditioneller jemenitischer Kleidung habe ich ihn kein einziges Mal gesehen.

Er verstand aber nicht nur zu kämpfen und zu siegen, sondern beherrschte auch die Gabe des politischen Verhandelns und Taktierens. Sein Wort galt innerhalb der Regierung ebenso wie bei den Stämmen. Ihn zeichnete die Summe der im Jemen spezifisch notwendigen Führungsqualitäten aus. Das alles brachte ihm die Sympathie der Masse und zahlreiche Freunde ein, die sich auf ihn verlassen konnten und die in ihm den Garanten für einen unabhängigen, starken Jemen sahen. Daß al-Amry sich bei all seinen Entscheidungen seit jeher politisch eng an die Sowjetunion anlehnte, sah man im Jemen keineswegs als Nachteil an, sondern vielmehr als die einzige Alternative, weil der Westen den Jemen links liegengelassen hatte. Jede militärische Hilfe bekamen ja die Royalisten. Der General hatte auch völlig richtig erkannt, daß nur die Sowjets militärisch und politisch gewillt und in der Lage waren, Imam al-Badr, den Saudiarabern und den Amerikanern erfolgversprechend entgegenzutreten.

Als Ministerpräsident al-Amry an einem Abend mit Sirengeheul durch Sanaa fuhr, befahl er dem Fahrer seines Wagens kurz und bündig, beim Hauptpostamt anzuhalten. Durch ein kurzes Hupsignal gab der Fahrer dem vorausfahrenden MG-Wagen der Leibwache das Zeichen, auf den neuen Kurs des Generalswagens zu achten. Genau vor den Stufen des Hauptpostamtes hielt al-Amrys Wagen an, und der General stieg aus, weil er einen Offizier seines Stabes dringend anrufen wollte – was ihm gerade unterwegs eingefallen war. Der vorausfahrende und der dicht hinterher fahrende MG-Wagen blieben besetzt. Die waffenstrotzende Besatzung übernahm die Sicherung der Straße sowie der nächstgelegenen Häuser, die man nicht aus den Augen ließ. Dieser Vorgang war routinemäßig immer der gleiche, jeder Mann der Leibwache hatte seine Funktion zugewiesen. Auf der gegenüberliegenden Straßenseite stand zwischen Bäumen ein kleines Kaffeehaus mit kreischender Lautsprechermusik und voll von Gästen, die im Lokal und auch davor saßen. Die Besatzung der beiden anderen Fahrzeuge hatte die Wagen verlassen und begleitete den in das Hauptpostamt eilenden al-Amry. Zwei Wachen blieben an der Eingangstüre stehen, der Rest eilte mit dem General bis zum Postschalter. Dieser zog aus seinem Uniformrock einen kleinen Taschenkalender heraus, in dem er etliche Telefonnummern und Namen vorgemerkt hatte. Der Postbeamte mit den glasigen Augen schien nicht ganz zu begreifen, welch hoher Besuch sich an jenem Abend zu seinem Schalter verirrt hatte. Er rückte sich hastig und verlegen kratzend den Turban zurecht, warf noch schnell einen Kontrollblick zur gegenüberliegenden Wand, wo in großen Drucken die Köpfe von Präsident Iriani und General al-Amry prangten. Al-Amry hatte inzwischen in seinem Kalender geblättert und hielt dem Mann eine Seite mit einer Telefonnummer hin.

»Gib mir schnell die Verbindung mit dieser Telefonnummer!« befahl er. Es war der Telefonanschluß eines Major Nadschi, der die Freundschaft und das Vertrauen al-Amrys besaß und eine wichtige Position im Hauptquartier innehatte. Al-Amry konnte aber nicht wissen, daß Major Nadschi seine Wohnung samt Telefonanschluß kurz vorher an einen Fotografen Moshen Harazi verkauft hatte.

Als die Telefonverbindung mit der angegebenen Nummer hergestellt war, spielte sich folgendes tragikomisches Telefongespräch ab.

»Hallo – hallo – hier spricht General Amry!«

Nach einer kurzen Pause, als müßte sich der Teilnehmer am anderen Ende der Leitung erst fassen, kam es zurück: »Du blödes Schwein, weißt du keine anderen Witze, als mich aus meinem wohlverdienten Schlaf zu reißen!?« Moshen Harazi war davon überzeugt, daß sich irgendein Freund oder Bekannter mit ihm einen albernen Scherz erlaubte.

Al-Amry lief vor Wut rot an und brüllte in den Telefonhörer hinein: »Hier spricht General al-Amry!«

Aber dies schien den vom Schlaf aufgestörten Fotografen keineswegs zu überzeugen oder ihm zu imponieren, ganz im Gegenteil – er glaubte, daß dieser blöde Witz auch noch weitergehen sollte. Er war ebenso wütend wie der General, als er in der gleichen Lautstärke antwortete: »Und hier spricht König Faisal von Saudi-Arabien, und jetzt laß mich in Ruhe, du Hundesohn – verstanden?!«, und er legte erbost den Hörer auf die Gabel.

Al-Amry knallte gleichfalls den Hörer auf den Apparat, schrie den verdatterten Postbeamten an und befahl ihm, sofort die genaue Adresse und den Namen jenes Mannes herauszusuchen, mit dem er gerade verbunden gewesen war. Verschreckt und mit zitternden Händen – den Qat-knollen hatte er vor Aufregung schon längst in den Blech-napf unter seinem Tisch gespuckt – eruierte der Beamte Namen und Anschrift und reichte dem General den Zettel. General al-Amry drückte ihn dem Kommandanten seiner Leibwache in die Hand und befahl, den Unverschämten auf der Stelle aus dem Bett und hierher ins Postamt zu bringen. Mit einem halben Dutzend Soldaten im Gefolge und einem der wartenden Begleitfahrzeuge machte sich der Offizier auf den Weg, um den Telefonpartner des Generals ins Postamt zu bringen.

In der Zwischenzeit marschierte al-Amry wie ein gereizter Tiger im Schalterraum des Hauptpostamtes auf und ab. Seine Leute wichen respektvoll bis zu den Türen zurück. Wie aus unendlich weiter Ferne plärrte der Laut-sprecher des gegenüberliegenden Kaffeehauses pausenlos arabische Musik in die Nacht.

Nach etwa zehn Minuten hielt der Wagen wieder vor dem Postamt. Die Soldaten stießen den Gesuchten in den Schalterraum zu al-Amry, der bei seinem Auf und Ab innehielt und sich das Häufchen Elend besah. Unfrisiert, mit wirren Haaren, bekleidet mit einem kragenlosen Hemd und einer eilig übergezogenen Hose, die nicht einmal voll-ständig zugeknöpft war, stand Moshen Harazi in dem kümmerlich erleuchteten Raum.

Mit flehenden Augen stotterte er verwirrt und angst-voll zum General gewandt: »Verzeihen Sie mir, General al-Amry, ich wußte wirklich nicht . . . ich glaubte nicht, daß Sie wirklich . . . wenn ich gewußt hätte . . . Aber Sie müssen mir glauben, daß es nicht in meiner Absicht lag . . . Sie müssen wissen, ich habe diesen Telefonanschluß erst seit . . . Meine Freunde rufen oft so albern an und versu-chen, mich zu ärgern . . . Glauben Sie mir doch bitte . . . General al-Amry, wer würde es denn wagen . . . Verzeihen Sie mir bitte . . .«

»Schweig, du Sohn einer räudigen Hündin!« brüllte der

General auf den Ärmsten ein und unterbrach dessen flehentliches Gestammel. »Wer bist du, hast du gesagt – König Faisal – ausgerechnet der!? Und was hast du zu mir gesagt, du erbärmlicher Köter – welchen Namen gabst du mir? Wiederhole es jetzt!«

Al-Amry hatte sich in Wut hineingesteigert und tobte in seinem Jähzorn, weil er sich in seiner Ehre zutiefst verletzt fühlte: »Ich habe dir gesagt, wer am Apparat ist – und wie war deine Antwort . . .? Wiederhole sie!« Er begann wieder zu toben, seine Stimme überschlug sich.

Dann befahl er dem ihm am nächsten stehenden Leibwächter schroff: »Schieß diesen Hund nieder – ich befehle es dir, schieß ihn hier auf der Stelle nieder!«

Es herrschte lähmende Stille, in der nur der draußen plärrende Lautsprecher zu vernehmen war. Der Soldat stand fassungslos vor seinem General, den er seit Jahren hindurch begleitete und vergötterte. Einen derartigen Befehl hatte er noch niemals bekommen. Er machte keine Bewegung und keine Anstalten, um dem Befehl nachzukommen.

»Hast du nicht verstanden?! Du sollst diesen Hund niederschießen, der deinen General beleidigt hat – schieße!«

Komplett verwirrt stand der Soldat da und hielt seine MP fest. Es ging über seine Begriffe und sein Rechtsempfinden, daß man einen Unbewaffneten wegen eines Telefongesprächs einfach in einem Postamt vor allen Leuten abknallen sollte. Er konnte es nicht und tat es auch nicht. Er wich den Blicken al-Amrys aus wie ein geprügelter Hund.

Die Befehlsverweigerung dürfte die grenzenlose Wut des tobenden Generals noch um einiges mehr angestachelt haben – er schien nicht mehr er selbst zu sein, riß dem Soldaten die MP aus der Hand, zog den Verschluß mit einem metallischen Ruck durch, während der an der Wand stehende Fotograf seine Augen angstvoll aufriß und beide Hände zaghaft in die Höhe streckte, als würde er sich ergeben.

»General, das können Sie nicht tun . . . Das ist Irrsinn . . . Ich wußte nicht . . . Das war ein fatales Mißverständnis . . . Nicht, General al-Amry, tun Sie es nicht . . .«, stammelte Moshen Harazi.

Aus der Hüfte heraus jagte al-Amry eine MP-Garbe gegen den sich aufbäumenden und dann in einer immer größer werdenden Blutlache zusammenbrechenden Fotografen, der, von zwölf Kugeln getroffen, auf der Stelle tot war. Die Ohren der Anwesenden waren nach diesen Schüssen im geschlossenen Raum wie betäubt, der Pulvergestank biß in den Nasenhöhlen, als der General, etwas ernüchtert über das, was er getan hatte, vor seinem toten Opfer stand. Der kreischende Lautsprecher untermalte die erschütternde Situation makaber. Als die Kaffeehausbesucher und Straßenpassanten neugierig in das Hauptpostamt drängen wollten, wurden sie von der Leibwache zurückgewiesen.

Al-Amry warf dem Soldaten seine MP zu und murmelte dem Kommandanten seiner Leibwache halblaut zu, als sollten es nicht alle hören: »Nehmt den Toten mit und bringt ihn nachts aus der Stadt!«

Der Offizier nickte wortlos und gab seinen Leuten die entsprechenden Anweisungen. Al-Amry verließ mit seinem Schwarm Soldaten das Gebäude, was fast wie eine Flucht aussah. Eine schweigende Menge stand am gegenüberliegenden Straßenrand, als al-Amry seinen Wagen bestieg und der blutige Leichnam, in eine Decke gehüllt, auf die offene Plattform des letzten Wagens neben das MG geworfen wurde.

Weder im Rundfunk noch in den Zeitungen war über diesen brutalen Vorfall etwas verlautbart worden, aber viel schneller, als es die Medien hätten tun können, arbeitete die Mundpropaganda. Ein Wagen der Leibwache brachte den Toten hinaus vor die Stadtmauern, wo er aber nur einen halben Tag liegenblieb und dann – von den Geiern bereits angefressen – spurlos verschwand. Nicht nur in Sanaa, sondern auch in den anderen Städten verbreitete sich in

Windeseile die Nachricht über diesen brutalen und sinnlosen Mord.

Nun gehörte der Fotograf Moshen Harazi dem Stamm der Haraz an, die in den Bergen zwischen Sanaa und Hodeida leben und einen nicht unbedeutenden Einfluß haben. Bereits zwei Tage nach diesem Vorfall fuhren zwei Haraz-Scheichs mit 200 ihrer Krieger auf Lastwagen nach Sanaa und sprachen bei Staatspräsident Iriani vor. Die Familie des Fotografen und auch der Stamm verlangten den Kopf des Generals, sie bestanden auf der traditionellen Blutrache. Auch in dem 159 Mitglieder umfassenden »Shoura Council«, einer Art Nationalversammlung, erklärte der Vorsitzende Ali Seif Khowlani, daß man es nicht tolerieren könne, Menschen einfach wie Tiere umzubringen. Schließlich sei die unmenschliche Imam-Herrschaft beendet und eine humanere Republik installiert worden. Also könne man solche Untaten, ganz gleich, von wem sie auch begangen werden, unter keinen Umständen dulden.

Die Armee alarmierte ein Bataillon und riegelte den Wohnsitz al-Amrys hermetisch ab, weil die Haraz-Krieger versuchten, an den Mörder ihres Stammesangehörigen heranzukommen, um die Lynchjustiz zu vollziehen.

Selbst enge Freunde des Generals in der Armee und Scheichs des ihn stützenden Haschid-Stammes waren erbost über die Untat ihres Idols und wandten sich von ihm ab. Ein zusätzlicher Umstand spielte dabei eine nicht unwesentliche Rolle. Der weise alte Staatspräsident Iriani war ein alter Rivale al-Amrys, dessen Machtzusammenballung als Ministerpräsident und Befehlshaber der Armee ihm als bedenklich erschien. Iriani, ein ehemaliger Oberrichter, und al-Amry waren auch in der schwierigsten Zeit nie ein Herz und eine Seele gewesen, obwohl sie aufeinander angewiesen waren. Iriani kam dieser Anlaß gelegen, um den gefährlichen Volkshelden al-Amry loszuwerden.

Der 48jährige General war über seinen Jähzorn gestolpert. Er hatte eine Untat vollbracht, die auch im Jemen kein Verständnis fand. Die Jemeniten haben nämlich trotz aller Grausamkeit und kriegerischen Wildheit genau festgelegte Spielregeln. Wenn jemand diesen Ehrenkodex verletzt – ganz gleich, ob es sich dabei um einen Kameltreiber oder Ministerpräsidenten handelt –, der muß die Konsequenzen ziehen. Hinzu kam noch, daß durch diese Tat die Glaubwürdigkeit der »Republik« in Frage gestellt wurde, weil man doch die willkürlichen Grausamkeiten des Imamates immer und überall anprangerte und den Mord im Postamt nach republikanischen Gesetzen hätte ahnden müssen.

Die Nationalversammlung und auch die Regierungsmitglieder kamen zur einhelligen Überzeugung, daß al-Amry nicht weiter tragbar sei, wenn man nicht die Moral der Republik über Bord werfen und weitere Stammesunruhen durch den Haraz-Stamm und dessen Verbündete in Kauf nehmen wolle. General al-Amry war seines Lebens nicht mehr sicher, weil die Haraz nicht eher ruhen würden, bis sie ihren Fotografen gerächt hätten.

Armee und al-Amrys Freunde pochten auf eine taugliche Lösung, schließlich einigte man sich darauf, daß Hassan al-Amry auf dem schnellsten Weg ins Ausland – ins Exil – verschwinden müsse. An eine Verurteilung auf regulärem Weg war nicht zu denken, dazu war die Armee nicht bereit – auf den Opfertisch der Nation und Justiz wollten sie ihren Nationalhelden nicht legen.

Die Leibwache des Generals begleitete ihn zum Flughafen. Man hatte zwar den Abflug al-Amrys geheimgehalten, da man noch im letzten Moment einen Anschlag durch die Haraz-Krieger befürchtete. Mit einer normalen Kursmaschine, bekleidet mit einem modernen grauen Tuchanzug, seinen zwölfjährigen Sohn an der Hand, verließ der General den Jemen. In Dschidda (Saudi-Arabien) wurde er bei der Zwischenlandung am Flughafen von den Saudiarabern noch offiziell begrüßt, weil sich innerhalb der wenigen Tage die Neuigkeit noch nicht so schnell bis ins benachbarte Ausland herumgesprochen hatte. Erstes Ziel war Beirut, damals noch das Traumland aller Araber, die Schweiz des Nahen Ostens. Wenige Tage darauf folgte die offizielle Erklärung Präsident Irianis: »Ministerpräsident und Oberbefehlshaber General Hassan al-Amry hat wegen Überarbeitung und aus Gesundheitsgründen alle seine Ämter zurückgelegt und befindet sich im Libanon zur Krankenbehandlung!« Eine letzte höfliche Geste für den Mann, der während der Revolutions- und Bürgerkriegsjahre nicht weniger als siebenmal das Amt des Ministerpräsidenten ausgeübt hatte, und für den Volkshelden, der die Royalisten aus den Vororten Sanaas und aus den umliegenden Bergen vertrieben hatte. Der immer wieder den Einkesselungsring um die Hauptstadt gesprengt und die Straßen nach Hodeida und Taiz freigekämpft hatte – der Mann, ohne den es heute vermutlich keine Arabische Republik Jemen geben würde. Al-Amry lebte in den darauffolgenden Jahren abwechselnd in Beirut und später dann in Kairo, wo seine Familie einige Häuser besaß und wohin ihm von der Regierung in Sanaa eine kleine Pension bezahlt wurde.

In jüngster Zeit gestattete die heutige Regierung sowohl Oberst Sallal als auch Hassan al-Amry, aus dem Exil wieder in den Jemen zurückzukommen. Beide leben heute in Sanaa, die Blutrache wurde »kaufmännisch« abgegolten. Al-Amry war sicherlich eine der Schlüsselfiguren im jemenitischen Befreiungskampf, der geführt wurde, weil sich das Land und seine Menschen aus den mittelalterlich düsteren und feudalen Imamat-Strukturen zu einer demokratischeren Regierungsform, wie sie von anderen arabischen Staaten – z. B. Ägypten, Syrien, Irak, Algerien etc. – bereits praktiziert wurde, freikämpfen wollte. Man darf dabei nicht vergessen, daß alle anderen Staatsgebilde auf der Golfseite – von Kuwait über Saudi-Arabien und die Ölscheichtümer bis hin zum Sultanat Oman – nach wie vor von einem autokratischen König, Sultan oder von allmächtigen, autoritären Scheichs regiert werden. Sie alle sind keinem Parlament gegenüber auch nur im geringsten verantwortlich, sondern sie vergeuden ihre Ölmilliarden willkürlich, was in einem geradezu kriminellen Luxus gipfelt. Saudi-Arabien und die dahinterstehenden USA versuchten mit ihrer massiven Unterstützung für den vertriebenen Imam al-Badr, den Nordjemen gewaltsam in diese autokratische Riege zurückzuzwingen.

In dem jahrelangen Bürger- oder Befreiungskrieg war es keiner Seite gelungen, einen eindeutigen Sieg zu erringen, sondern der politische und militärische Karren des Jemen blieb rettungslos festgefahren. Es kam beiden Seiten immer deutlicher zum Bewußtsein, daß sie sich in einer aussichtslosen Pattstellung befanden. Aus diesem Grund kam es 1970 zu Verhandlungen in Saudi-Arabien, die Hassan al-Amry noch eingeleitet hatte. Bereits nach kurzer Zeit waren sich beide Seiten einig, daß die »Republik« bestehen bleiben sollte und die royalistischen Stämme mit ihren Vertretern in die Koalitionsregierung in Sanaa aufgenommen werden. Es wurde jedoch vereinbart, daß die Familie des vertriebenen Imam al-Badr den Jemen nicht mehr betreten dürfe, um damit allfällige politische Gegenströmungen von vornherein abzublocken. Mit diesem Schritt waren die beiden größten und wichtigsten Stammesverbände der Haschid und Bakil sowie weitere bedeutende Stämme in der Politik repräsentiert.

Saudi-Arabien hatte sein Ziel nicht erreichen können, den befreundeten Imam al-Badr mit militärischer Gewalt wieder an die Macht zu bringen. Um aus der Situation das Beste zu machen, versuchten die Saudiaraber nunmehr die friedvolle Masche. Sie boten dem armen Nachbarn Nordjemen, den sie bisher bekämpft hatten, jede nur erdenkliche finanzielle Entwicklungshilfe an, um damit den sowjetischen Einfluß zurückzudrängen. Da von Moskau lediglich Militärhilfe und »Berater« für alle möglichen Gebiete angeboten wurden, aber keine Wirtschaftshilfe kam, bedurfte es in Sanaa keiner großen Überredungskunst, die Saudi-Hilfe im Jemen zu akzeptieren. Inzwischen hatte sich nämlich das ehemalige britische Kolonialgebiet Aden (Südjemen) zu einer radikalen marxistischen »Volksrepublik Jemen« herausgemausert, was für Saudi-Arabien eine permanente Gefahr darstellte, weil von dort aus eine politische und ideologische Infektion drohte. Aus allen Transistorradios auf der Arabischen Halbinsel tönten die südjemenitischen Propaganda- und Hetzsendungen. Um den Nordjemen von der gleichen politischen Richtung abzubringen, ließen es sich die Saudis eine schöne Stange Geld kosten, damit die Arabische Republik Jemen – wenn schon »Republik« – zumindest gemäßigt blieb und nicht aggressiv wurde.

Aber selbst nach der republikanisch-royalistischen Koalition ging es im Jemen kunterbunt »jemenitisch« weiter. Alle bedeutenden Stämme versuchten nun, im Konsultativrat der Zentralregierung mitzumischen, wo die mächtigen Scheichs die Mehrheit an Sitzen besaßen.

1974 putschte die Armee unter Führung von Oberst Ibrahim al-Hamdi den Präsidenten Iriani weg, den man wohlwollend ins Exil nach Syrien schickte. Inzwischen hatten sich nämlich auch bei der Armee im Offizierskorps linke und rechte Flügel gebildet. Oberst al-Hamdi zählte zu den »Rechten« und wollte mit seinem Putsch den Linken zuvorkommen, die gleichfalls einen Staatsstreich vorhatten. Ministerpräsident Moshen al-Aini, der bereits einige Male den Posten des Regierungschefs innegehabt hatte – ein sehr fähiger und fortschrittlicher Politiker mit internationalem Ansehen –, versuchte den Ausgleich zu finden, mußte aber ebenfalls zurücktreten. Oberst al-Hamdi ging sehr forsch bei seiner innenpolitischen Reform vor, er löste kurzerhand den Konsultativrat auf und trachtete, die korrupten Stammeseinflüsse abzuschaffen. Als er auch den Gouverneur von Hodeida, den mächtigen Scheich Sinan Abu Luhum – der von der ersten Stunde an mit seinen Stämmen für die Republik gekämpft hatte –, mit einer Militäreinheit gewaltsam seines Postens enthob, hatte sich al-Hamdi selbst die Schlinge um den Hals gelegt.

Sinan Abu Luhum hatte ich verschiedene Male während des Bürgerkrieges getroffen, er war sicherlich einer der originellsten Scheichs, der mit seinen Stammeskriegern zusammen in vorderster Linie die Angriffe führte und sich als Belohnung den lukrativsten Posten ausgesucht hatte: Gouverneur von Hodeida. Hodeida ist der einzige nordjemenitische Hafen, den jeder Import und Export passieren muß und wo die Zölle kassiert werden. Der Posten war einer der ergiebigsten Futtertröge der Nation, wo viele Zolleinnahmen, Devisen und Schmiergelder in die private große eiserne Kiste Abu Luhums flossen, die er immer neben seinem Bett stehen hatte. Da Hodeida einer der heißesten Plätze am Roten Meer ist, wo meist eine unerträglich hohe Luftfeuchtigkeit herrscht, residierte der Gouverneur oben am luftigen Tower des Flughafens Hodeida. Er wickelte dort seine Amtsgeschäfte ab und empfing Delegationen, Bittsteller oder Importeure, die um eine Zollermäßigung nachsuchten. Für al-Hamdi war er schon lange ein Dorn im Auge gewesen.

Oberst al-Hamdi eckte jedoch auch bei den Haschidund Bakil-Stämmen mit seinem Anspruch auf die absolute Zentralgewalt an. Er hatte überall Feinde, sogar in seinem Militär. Seine energischen Reformpläne fanden bei den betroffenen Gruppen weder Verständnis, geschweige denn Begeisterung. Es kam deshalb auch mehrmals zu militärischen Aktionen, und es war kein Wunder, daß der Oberst samt seiner Verwandtschaft durch ein rätselhaftes Attentat, das nie aufgeklärt werden konnte, 1977 ermordet wurde. Der glücklose Nachfolger des ermordeten Regierungschefs, Oberstleutnant al-Gashmi, regierte erst knappe acht Monate, als auch seine Laufbahn und sein Leben ein jähes »jemenitisches« Ende fanden. Als er nämlich einen mit Sprengstoff gefüllten Aktenkoffer öffnete, der aus dem Südjemen gesandt worden war, wurde er buchstäblich zerfetzt.

In all diesen Jahren der Koalition kam das Land keineswegs zur Ruhe, weil radikale Republikaner – die dem Kompromiß der Koalition mit den Royalisten nie zugestimmt hatten – seit 1970 weiterhin einen Guerillakrieg gegen die Zentralregierung führten.

Erst der neuerliche Nachfolger, der lange in Taiz stationierte Artillerieoffizier Oberst Ali Abdullah Salih, war nicht nur ein starker Mann des Militärs, sondern vor allem auch ein geschickter und seriöser Politiker. Er schaffte die Korruption und die Stammeseinflüsse ab. Er brachte eine nationale Einigung zustande und operierte mit dem neugeschaffenen »Allgemeinen Volkskongreß« – eine Art Parlament –, wo alle Interessengruppen des Landes vertreten sind. Zum ersten Mal seit dem Revolutionsbeginn gelang eine innenpolitische Stabilisierung, und 1982 kam es zum Waffenstillstand und zur Einigung mit der »National Democratic Front« (NDF), die ihre Guerillakriegführung einstellte.

Verschiedene politische Parteien gibt es im Nordjemen nicht, denn man könnte unter den gegebenen Strukturen wenig damit anfangen. Oberst Ali Abdullah Salih brachte es jedoch fertig, sowohl mit den arabischen und westlichen Ländern als auch mit der Sowjetunion günstige Verträge abzuschließen, so daß er weder dem Westen noch dem Osten zugezählt werden kann. Er hat damit für sein Land Handlungsfreiheit erreicht. Durch diese innen- und außenpolitisch klare Abgrenzung und Stabilisierung wurden auch ausländische Investoren ins Land gelockt, die ohne Risiko auf »Verstaatlichung« Wirtschaftsprojekte ankurbelten, so daß die Prosperität im ganzen Land deutlich spürbar wurde.

Der schwarze Saft aus dem heißen Sand

Die gesamte Region der Arabischen Halbinsel ist mit Öl »gesegnet«. Von Kuwait angefangen über Saudi-Arabien, Bahrain, Katar, die Vereinigten Arabischen Emirate bis zum Sultanat Oman und zu den Nachbarregionen wie Irak, Syrien, Iran und – wenn auch im geringen Ausmaß – Ägypten bohrten alle so lange im trostlosen Sand ebenso wie in den Küstengewässern, bis der so heiß begehrte und devisenbringende schwarze Saft hervorzusprudeln begann. Öl bedeutet Reichtum, sei es für die Staaten, sei es für die feudalen Alleinherrscher. Die Industrienationen rissen sich um das Erdöl, das die erdölproduzierenden Länder über Nacht zu einem märchenhaften Aufschwung führte. Kuwait z. B. wurde mit seiner relativ geringen Bevölkerungszahl zum Staat mit dem höchsten Pro-Kopf-Einkommen der ganzen Erde. Es gibt unzählige Millionäre, und jeder geborene Kuwaiti kann sich auf Staatskosten in ausländischen Kliniken operieren lassen oder mit einem fetten Taschengeld als Zubuße kostenlos auf beliebigen ausländischen Universitäten studieren. Jeder Kuwaiti bekommt seine Alterspension, ob er gearbeitet hat oder nicht. Der Beduinenadel gibt den Ton in der Geschäftswelt an, und haben die Väter oder Großväter ihren Handel mit Kamelkarawanen abgewickelt, so stehen heute in Kuwait riesige Handelshäuser und wahre Wohnpaläste. Die Luxuslimousinen des Scheichs von Kuwait parken im Freien auf überdimensionalen kostbaren Perserteppichen, die ein Vermögen wert sind.

Der König Ibn Saud von Saudi-Arabien sowie sein

Nachfolger machten kein Hehl aus ihrem Ölreichtum. Allein der vierstrahlige Privat-Jet des Saudi-Königs hatte von der Sauna bis zur Intensivstation, luxuriösen Schlafräumen, einem Badezimmer mit Goldarmaturen und Büros mit Fernschreibern sowie einem Konferenzraum mit Ledergarnituren und Kino- und TV-Installationen alles aufzuweisen, was man als Normalsterblicher überhaupt nicht für möglich hält. Was der Schah von Persien mit seinen immensen Öleinnahmen tat, ist vielen noch in deutlicher Erinnerung. Er kaufte sich außerdem querfeldein mit Aktienpaketen in die internationalen westlichen Spitzenindustrien ein.

Die anderen Herrscher der feudal regierten Ölscheichtümer machten es – ihrer Ölmenge entsprechend – ähnlich. In den Emiraten ließ sich lange Jahre hindurch ein führender Scheich von der Bank täglich seine Einnahmen bar auszahlen, die er in einem großen, versperrbaren Eisenkasten unter seinem Bett verstaute, weil er den Banken nicht vertraute und ihm die Bankmitteilungen überhaupt nichts sagten. Ein anderer arabischer Scheich und Regierungschef unterbrach aber jederzeit eine Staatssitzung, wenn draußen vor dem Palast einer seiner Beduinen mit seinem kranken Kamel stand und von ihm einen Rat für die Behandlung des maroden Tieres erbat.

Die Sehnsucht der Jemeniten nach Öl war verständlich, und schon der Imam lechzte nach derartigen Einnahmen. Geologen waren der Auffassung, daß es auch im Jemen Ölvorkommen geben müsse, da ähnliche geologische Verhältnisse wie in allen anderen Ölstaaten auf der Arabischen Halbinsel herrschen. Die Ölsucher wurden ins Land eingeladen und begannen auch mit ihren Bohrtürmen, speziell in der bequem erreichbaren Tihama-Küstenebene am Roten Meer, zu arbeiten. Es kam jedoch die Revolution dazwischen, und als außerdem die Sowjets sich im Nordjemen besonders intensiv engagierten, brachen die westlichen Ölsucher ihre Arbeit ab, sie betonierten die Bohrlöcher zu und verschwanden über Nacht. Zurück blieb als Begründung für ihre überstürzte Abreise ein Fachgutachten, daß eine Erdölförderung im Jemen völlig unrentabel sei und abgelehnt werden müsse, weil das vorgefundene Erdöl in viel zu geringen Mengen vorhanden und außerdem allzusehr mit Salzwasser vermischt sei. Es wurde bereits damals gemunkelt, daß diese Gutachten nicht stimmen würden, sondern nur als Vorwand für den politischen Rückzug der Ölsucher dienten. Ähnliche Fälle sind auch aus anderen Weltteilen bekannt, und es ist westlichen Ölkonzernen auch nicht zu verargen, daß sie in politisch unstabilen Ländern nicht Hunderte Millionen Dollar investieren wollen, um dann von irgendwelchen radikalen oder marxistischen Regierungen kurzerhand enteignet zu werden.

Die großen Ölkonzerne arbeiten, ähnlich wie die weltweit bekannte Seeversicherungsgesellschaft Lloyd, nach einem breitgefächerten Aufteilungsschlüssel der Risken und Gewinne. Bei einem technisch oder politisch riskanten oder besonders kostenintensiven Ölsuche-, Aufschließungs- oder Förderungsprojekt sind meist zwei oder noch mehr Ölkonzerne beteiligt, die nach einem exakt vereinbarten Prozentanteil untereinander die Kosten und Erträge aufteilen. Dadurch können Schadensfälle und Mißerfolge minimiert werden.

Nach der Stabilisierung der innenpolitischen Lage im Jemen unter Führung des Staatspräsidenten Ali Abdullah Salih wurde der Jemen für die Ölmultis interessant. Die gänzlich neue Situation hatte zur Folge, daß ausländisches Kapital und ausländische Firmen in den Nordjemen kamen, investierten, mit jemenitischen Firmen kooperierten und Fabriken bauten. Es war dies der entscheidende erste Schritt des Nordjemen, aus dem Mittelalter herauszukommen. Im Rahmen dieser Neuorientierung bot die amerikanische Hunt-Oil-Company dem Jemen die Mitarbeit an, es kam zur Gründung der »Yemen Hunt Oil Company«, wobei der Jemen 51 Prozent der Anteile erhielt. Dies war ein faires Angebot, wie es heutzutage international gehandhabt wird. Wenn man bedenkt, daß seit 1945 bis tief in die fünfziger Jahre die Ölmultis den Ölstaaten lediglich eine Beteiligung von 20 bis 25 Prozent angeboten oder aufgezwungen hatten, stellt dies eine enorme Verbesserung dar. Hinter dem Hunt-Konzern stand bereits unsichtbar der Exxon-Ölriese, der dann später für ungefähr 400 Millionen Dollar die Hunt-Anteile aufkaufte. In dem Augenblick, als Exxon auf den Plan trat, wurde die jemenitische Ölfrage zu einer amerikanischen Angelegenheit. Französische, südkoreanische und andere amerikanische Ölgesellschaften beteiligten sich zwar auch an der Ölsuche im Jemen, doch kamen diese Außenseiter zu keinen nennenswerten Ölförderungsmöglichkeiten.

Die intensivste Bohrtätigkeit begann im Norden an der saudiarabischen Grenze, im sogenannten Alif-Ölfeld. Insgesamt 17 Bohrlöcher wurden niedergebracht, von denen 15 tatsächlich das Öl sprudeln ließen, ca. 10.000 Barrel pro Tag, mit einer ausgezeichneten Qualität, die dem begehrten westafrikanischen »Nigerian Light«-Öl gleichkommt. Um das Erdöl an Ort und Stelle verarbeiten zu können, baute man unweit von Marib eine relativ kleine Raffinerie, die an die 50 Millionen Dollar kostete. Ein Drittel des jemenitischen Eigenbedarfes an Raffinerieprodukten wurde damit gedeckt. Eine zweite Raffinerie mit einer Verarbeitungskapazität von 40.000 Barrel pro Tag soll entweder unten an der Küste des Roten Meeres bei Salif oder aber südlich von Sanaa bei Bamar gebaut werden. Damit will man sich die Kosten von monatlich 25 Millionen Dollar sparen, die für sonst notwendige Importe von Raffinerieprodukten aufgehen.

Von der Pipeline, die bis zum Roten Meer führen muß, hängt jeder künftige Erdölexport ab. Das bedeutet die Überwindung von 440 Kilometern. Die Entfernung allein sagt nichts aus, wohl aber die gewaltigen Höhenunterschiede, denn Marib liegt etwa 900 Meter über dem Meeresspiegel. Es müssen Bergkämme bzw. Bergpässe mit einer Höhe von 2800 Metern überwunden werden, um von dort mit dem Öl bis zum Meer zu gelangen, was kostspielige Pumpwerke erfordert. Diese Pipeline wird schätzungsweise 300 Millionen Dollar kosten, und weitere 300 Millionen wären notwendig für die Erschließung des Ölfeldes. Sobald amerikanische Firmen derartige Investitionen im Ausland riskieren, gilt es als sicher, daß die Angelegenheit mit dem Weißen Haus abgesprochen ist und die USA notfalls für diese Projekte eintreten. Damit ist ein solches Unternehmen aber auf eine Ebene gehoben worden, wo staatliche Interessen involviert sind. Alle Entscheidungen bezüglich des jemenitischen Öls werden de facto im 25. Stockwerk des Exxon-Hauptquartiers in Houston gefällt und nicht in Sanaa. Da der Jemen nicht über das notwendige Kapital verfügt, um sich an den Such- und Aufschließungskosten mit 51 Prozent zu beteiligen, mußten Hunt und Exxon Kredit gewähren, bis das erste Öl ins Ausland verkauft werden kann und Geld zurückfließt. Um diese Durststrecke für den Jemen zu verkürzen, setzte man alle Hebel in Bewegung, die Pipeline so schnell wie möglich zu bauen. Bei Mitsubishi in Japan wurden 78.000 Tonnen Pipeline-Stahlrohre geordert, die zum Teil schon in Hodeida ausgeschifft und verlegt worden sind.

Geologen schätzen die bis jetzt ausfindig gemachten Ölfelder im Norden des Nordjemen auf so große Ergiebigkeit, daß die kostspieligen Investitionen gerechtfertigt sind. Bis zur Fertigstellung der Pipeline muß die Erdölförderung stark gedrosselt werden, weil die Kapazität der kleinen Raffinerie bei Marib restlos ausgelastet ist und der Transport des Rohöls mit Tankzügen bis an die Küste undiskutabel und unrentabel wäre.

Sobald die Pipeline 1988/89 operationsbereit ist, will man anfangs eine tägliche Menge von 100.000 Barrel Öl in die Rohre bringen. Die Hälfte dieser Fördermenge würde für den Jemen – bei Anrechnung von 51 Prozent Gesellschafts-Anteilen und einem Ölpreis von 20 US-Dollar pro Barrel – eine Million Dollar pro Tag an Staatseinnahmen bringen. Die kalkulierten 20 Dollar sind allerdings derzeit eine unrealistische Wunschvorstellung, sie könnte aber eines Tages Wirklichkeit werden. Abgesehen davon spekuliert man bereits damit, die vorerwähnte Tagesproduktionsmenge zu vervierfachen, denn sowohl den Ölkonzernen als auch der jemenitischen Regierung ist daran gelegen, so schnell wie möglich die bisherigen Investitionskosten hereinzubringen und zu Gewinnen zu kommen.

So imposant diese Ziffern für ein relativ kleines Land wie den Jemen auch aussehen mögen, so nüchtern sind auch alle Varianten durchgerechnet worden, was dann nicht allzu rosig aussehen würde:

Bei 100.000 Barrel pro Tag wäre die Lage noch nicht sehr rosig, denn die Devisenüberweisungen der Auslandsjemeniten in ihre Heimat – die hauptsächlichsten Devisenstaatseinnahmen – lassen drastisch nach, und die Hilfe von den Golfstaaten hört allmählich auf.

Bei 200.000 Barrel pro Tag wären alle Mindereinnahmen zwar kompensiert und die Finanzlöcher gestopft, aber auch nicht mehr.

Bei voller Fördermenge der projektierten 400.000 Barrel pro Tag würde sich die ökonomische Situation positiv verändern, aber auch nicht allzu gewaltig, solange sich nicht gleichzeitig der derzeitig niedere Ölpreis nach oben verschiebt.

Mit anderen Worten: Der Umstieg vom Mittelalter zum Ölstaat der Gegenwart ist nicht so einfach durchzuführen, wie es den Anschein hat. Der Nordjemen zählt nun ganz einfach nicht mehr zu den ärmsten Ländern der Welt, und das hat zur Folge, daß deshalb auch Hilfsprojekte nicht mehr aktuell sind. Die Geberländer sagen sich: Nun haben die Jemeniten Öl und können sich selbst helfen! Wir helfen besser ärmeren Ländern!

Die Kredite der Weltbank und verschiedener arabischer Staaten sind ausgeschöpft bis zum Plafond und müssen bereits zurückgezahlt werden. Neue Kredite sind schwer zu bekommen, da der Jemen in der momentanen wirtschaftlichen Situation mit seiner Zahlungsfähigkeit größte Mühe hat. Es ist schwierig, die Zinsen, geschweige denn das Kapital zu bezahlen. Die typischen Erscheinungsbilder der Dritte-Welt-Länder.

Die OPEC ist daran interessiert, die Ölfördermengen soweit wie möglich zu reduzieren, um den Ölpreis denkbar hoch oder zumindest stabil zu halten. Ein neues Ölförderland ist da nicht gern gesehen, noch dazu, wenn der Jemen seine volle Ölförderkapazität anstrebt. So bleibt der freie Ölspotmarkt übrig, an dem sich die Ölpreise jedoch nach Angebot und Nachfrage richten. Seit Jahren sinkt die Ölnachfrage, und das Nordsee-Öl der Engländer und Norweger ist billiger, es drückt die internationalen Ölpreise enorm. Eine Hoffnung besteht für die Jemeniten noch in anderen Ölfeldern des Landes. Nicht nur die erschlossenen Ölfelder im Norden stehen zur Debatte und Kalkulation, sondern die emsigen Ölsucher aus Frankreich, Südkorea und Amerika haben bereits weitere Ölfelder und Erdgasblasen in der Tihama-Küstenebene ausgemacht, wo noch reichliche »Staatseinnahmen« im Boden zu liegen scheinen. Off-shore-Bohrungen vor der Küste im Roten Meer sind angesetzt, kamen aber bisher noch zu keinen Ergebnissen.

Öl ist für den Jemen eine höchst sensible Frage, und zwar in zweierlei Hinsicht. Einerseits liegen nicht nur die Ölfelder im innenpolitischen »Feindgebiet«, in Stammesgebieten, die mit der Zentralregierung in Sanaa schon seit jeher wenig Freude hatten und jetzt erst recht auf der politischen Lauer liegen. Es verursacht zwar keine Mehrkosten, wenn eine Militärgarnison nicht in Sanaa, sondern zum »Ölschutz« in Marib stationiert ist, doch die Stämme müssen in irgendeiner Form entschädigt werden, weil aus ihren Stammesgebieten das Öl sprudelt. Das entspricht der traditionellen tribalistischen Einstellung, die nicht übergangen werden kann. Die Scheichs im Norden wissen allzu genau, wie viele Ölmillionen tagtäglich aus ihrem Boden nach Sanaa und nicht in ihre Taschen fließen.

Andererseits läuft die Pipeline – der Öllebensnerv – durch eine völlig unkontrollierbare wilde Gebirgsgegend, deren Stämme kaum regierungsfreundlich eingestellt sind.

Mit kümmerlichen fünf Kilogramm Sprengstoff kann die Pipeline jederzeit und überall unterbrochen werden. Es ist technisch und strategisch völlig unmöglich, die Pipeline abzuschirmen. Mit anderen Worten: Sanaa ist durch die Ölfrage innenpolitisch erpreßbar geworden. Die traditionell gewachsene historische Gesellschaftsstruktur der Stammesordnung kommt hier wieder zum Tragen und kann natürlich zu Spannungen führen, falls irgendwelche Forderungen nicht erfüllt werden. Mit militärischem Druck allein ist da nichts zu machen.

Aber auch außenpolitisch tickt in dem Ölzusammenhang noch eine bedrohliche Bombe. Auf vielen jemenitischen Landkarten ist die Staatsgrenze zu Saudi-Arabien überhaupt nicht eingezeichnet, sondern wurde offengelassen. Das rührt daher, weil vor einigen Jahrzehnten der einstige Saudi-König mit seinen wilden Beduinenreitern im Jemen eingefallen war und weite Gebiete seinem Reich einverleibte, was der Jemen offiziell nie anerkannt hat. Das spielte bis vor wenigen Jahren keine allzu große Rolle, weil es nur karge Felsen und heißen Wüstensand betraf. Die derzeitige Staatsgrenze verläuft quer durch Stammesgebiete, ohne jede ethnische Rücksicht. Es ist seit dem Fündigwerden auf den Ölfeldern nun bereits mehrere Male geschehen, daß es in den Grenzgebieten zu heftigen Schießereien gekommen ist, wobei man nicht weiß, ob es sich dabei um Kampfhandlungen zwischen den Stämmen von hüben und drüben handelte oder ob diese Zwischenfälle von Saudi-Arabien aus »arrangiert« worden sind. Da die jemenitischen Ölfelder teilweise im unmittelbaren Grenzbereich liegen, gab es bereits Stimmen und geologische Fachgutachten aus Saudi-Arabien, daß diese unterirdischen Ölseen in Wirklichkeit in Saudi-Arabien liegen und unberechtigterweise von der Jemenseite aus angebohrt würden. Drei Bohrtürme im Saudi-Wüstensand sollen den Beweis dafür liefern.

Jedenfalls steht fest, daß der Nordjemen nunmehr zu den Ölstaaten gezählt werden muß.

Hat die Bibel geographisch doch nicht recht?

Einen originellen historischen Bezug zum Jemen findet man möglicherweise in der Bibel, so seltsam dies auch klingen mag. Die Imame hatten zwar immer versucht, ihr Land möglichst hermetisch abzuriegeln. Sie unterhielten nur mit relativ wenigen Ländern diplomatische oder sonstige Beziehungen. Nach erfolgter völkerrechtlicher Unabhängigkeit des Landes im Jahr 1918 begannen sehr bald die ersten territorialen Konflikte mit dem Nachbarn Saudi-Arabien, die 1934 in einen regelrechten Krieg ausarteten. Der Saudi-König mit seinen berittenen Beduinenkriegern war dem Imam Yahya militärisch weit überlegen und eroberte innerhalb weniger Monate die vom Jemen beanspruchten drei Provinzen Asir, Najran und Jizan, die fortan zum saudiarabischen Staatsgebiet gehörten. Im Vertrag von Taif unterschrieb der Imam (1934) zwar diese Territorialabtretung, aber in Wirklichkeit hat sich keine jemenitische Regierung und kein Jemenite je mit diesem erzwungenen Gebietsverzicht abgefunden. Dieser ständige Dorn im Fleisch wurde nie vergessen, sondern trägt dazu bei, daß der Haß zwischen diesen beiden Völkern mitunter offen durchbricht.

Die Region Asir liegt südlich von Mekka in Westarabien und breitet sich von Norden nach Süden aus. Sie wird im Norden durch den Hedschas, im Westen durch das Rote Meer, im Süden durch den Jemen und im Osten durch den Nedschd eingerahmt. Um diese so geschichtsträchtige Region Asir – die einst der Jemen beanspruchte – geht es in diesem Kapitel.

Der international angesehene Prof. Dr. Kamal Sulaiman Salibi, 1929 in Beirut geboren, studierte Geschichte in Beirut und London, wo er auch promovierte. Er unterrichtet an der renommierten Amerikanischen Universität in Beirut und veröffentlichte Werke über die Geschichte des Vorderen Orients, die für Historiker dieser Richtung als Standardwerke gelten.

Vor einigen Jahren machte der sprachenkundige Historiker eine aufsehenerregende Entdeckung, nachdem er – eher rein zufällig – auf eine verblüffende Konzentration biblischer Ortsnamen in der heutigen Provinz Asir des Königreiches Saudi-Arabien, ehemals Jemen, stieß. Er stellte nach eingehenden Studien die These auf, daß die Ursprünge Israels bis etwa 500 v. Chr. nicht am Mittelmeer in Palästina, sondern am Roten Meer in Asir liegen könnten und die Bibel (Altes Testament) geographisch unrichtig übersetzt worden sei. Damit trieb er natürlich die Alttestamentler auf die Barrikaden und löste einen Sturm der Entrüstung sowohl bei Wissenschaftlern als auch bei Politikern aus.

Auch wenn man davon ausgeht, daß Salibi mit den in seinem Buch »Die Bibel kam aus dem Lande Asir – Eine neue These über die Ursprünge Israels« (Verlag Rowohlt, Reinbek bei Hamburg, 1985) aufgezeigten Fakten lediglich eine überraschende These aufstellen wollte und empfahl, die Forschungen künftighin in diese Richtung zu lenken, so sind seine Analysen und Rückschlüsse dennoch nachdenkenswert, weil nicht ganz von der Hand zu weisen.

Die hochangesehene »Neue Zürcher Zeitung« vom 13. September 1984 schrieb u. a. über das vorerwähnte Buch und Dr. Salibis Thesen: »Biblische Geschichten in Südarabien? – Forschungen eines Beiruter Historikers. – A. H. Professor Kamal Salibi, ein Historiker, der an der Amerikanischen Universität in Beirut lehrt und durch Veröffentlichungen über die alte Geschichte Syriens und der Arabischen Halbinsel bekannt ist, hat vor fünf Jahren eine Entdeckung gemacht, die ihn seither faszinierte. Bei der

Untersuchung von Ortsnamen auf der Arabischen Halbinsel fiel ihm auf, daß manche davon der Sprachform nach nicht dem Arabischen, sondern dem Kanaanitischen oder Aramäischen entsprechen. Er begann solche Ortsnamen zu sammeln, und dabei stellte er zweierlei fest: Erstens fanden sich all diese Namen in einer bestimmten Zone am südwestlichen Rand der Halbinsel, die heute Asir heißt und sich südlich von Mekka bis in die Nähe der Grenze des Nordjemen hinzieht; sie ist rund 600 Kilometer lang und 200 Kilometer breit. Zweitens fand Salibi einen großen Teil dieser Namen in Schriften des Alten Testaments.

Salibi hat bei seinen Forschungen nicht nur moderne, detaillierte Karten, sondern auch die Werke der arabischen Geographen des Mittelalters durchsucht und glaubt versichern zu können, daß gegen 80 Prozent von rund 700 im Alten Testament vorkommenden Ortsnamen solchen in der Landschaft Asir entsprechen. Er ist zudem der Ansicht, daß geographische Verhältnisse, die das Alte Testament schildert, der Lage der Orte in Asir entsprechen. Ferner hat er herausgefunden, daß im Alten Testament Tiere und Mineralien erwähnt werden, die man nicht in Palästina, jedoch sehr wohl in Asir finden könne. Was die übliche Lokalisierung der Geschichten der alten Teile der hebräischen Bibel in Palästina angeht, befaßt sich Salibi ausführlich mit den linguistischen und archäologischen Begründungen, die man bisher dafür vorgelegt hat, und er weist sie zurück.

Ein Manuskript für ein Buch, das die Ergebnisse von Salibis Forschungen in allen Einzelheiten enthält, liegt seit 1982 bereit. Doch er hat Schwierigkeiten, seine Ansichten zu veröffentlichen, weil die wissenschaftlichen Fachverlage das heiße Eisen seiner umwälzenden Theorie nicht anpakken wollen. Schließlich hat der Verlag der deutschen Wochenschrift ›Der Spiegel‹ die Rechte gekauft und die Absicht bekanntgegeben, das Werk als ›Spiegel-Buch‹ zu veröffentlichen. Linguisten, denen das Manuskript zur Beurteilung vorgelegt wurde, erklärten, die Argumente

Salibis seien korrekt und sollten jedenfalls veröffentlicht werden. Doch die Alttestamentler scheinen frostig reagiert zu haben, wie nicht anders zu erwarten war: Sie haben bisher alle in der Vorstellung gelebt, daß jene Geschichten sich zwischen Ägypten und dem Euphrat abspielten.

Daß er mit seiner Theorie bei den Wissenschaftlern sowie bei Politikern in Wespennester stoßen werde, ist Salibi seit langem bewußt. Er versichert, er habe von Beginn an vorausgesehen, daß sie seine Entdeckung zuerst zu ignorieren versuchen würden. Er sagt: ›Wenn sie meine Theorie nicht ignorieren können, werden sie versuchen, sie lächerlich zu machen. Und wenn ihnen dies mißlingt, werden sie sehr arbeiten müssen, um zu versuchen, meine Beweise zu widerlegen.‹ Salibis These ist jedenfalls interessant genug, um eine Veröffentlichung zu rechtfertigen. Man sollte sie nicht einfach mit der Behauptung abzutun versuchen, als Araber könne er sowieso nicht objektiv denken, wie das Leute, die sich Akademiker nennen, bereits getan haben. Salibi, der übrigens aus einer protestantischen Familie stammt, ist ein seriöser Wissenschaftler. Was die politischen Implikationen einer Veröffentlichung seines Buches betrifft, sagt er, sie seien für ihn irrelevant. Er wisse die Juden und ihre Religion zu schätzen, lehnte jedoch den Zionismus ab – natürlich nicht aus irgendwelchen geographischen Gründen, sondern ganz einfach, weil dieser eine Ideologie darstelle, die er weder teile noch billige.« Soweit die »Neue Zürcher Zeitung«, die sich sicherlich nicht auf zweifelhafte Themen einläßt.

Salibi wies darauf hin und behauptet, daß die Bibel (Altes Testament) die Geschichte der alten Israeliten in Westarabien erzählt, was aber nicht bedeutet, daß der Judaismus in biblischen Zeiten keine Basis in Palästina hatte. Er hatte sie. Aber die hebräische Bibel wurde – seiner Überzeugung nach – in Westarabien geschrieben. Archäologen müßten überprüfen, ob diese Salibi-These wissenschaftlich untermauert und bewiesen werden kann; aber dafür fehlte bis jetzt noch jede reale Möglichkeit.

Interessant wird Salibis These, wenn man einige seiner Fakten liest:

Wenn König Salomo seinen Palast aus wertvollen Steinen bauen ließ, »nach dem Winkeleisen gehauen, mit Sägen geschnitten auf allen Seiten . . . große Steine, zehn und acht Ellen groß« (1 Könige 7,9–10), konnte das so beschriebene Baumaterial kaum der bekannte Kalkstein von Palästina gewesen sein, sondern war wahrscheinlich Granit, der in Westarabien vorkommt und dort immer noch in Steinbrüchen gehauen wird, meint Salibi.

Sodom und Gomorra waren anscheinend keine alten Städte in der Nähe des Toten Meeres, weil es dort keine Vulkane gibt und auch nicht gegeben hat, die sie einst hätten zerstören können (1 Mose 19,24.28). Zahlreiche Vulkanreste gibt es aber in Asir. Diese beiden Städte müßten unter den Lavamassen im Wadi Damis (Jizan-Distrikt) unterhalb des Jarub Harub begraben sein, wo ein Ort namens Gamr liegt. In Asir gibt es eine ganze Reihe von »Gomorras«, die linguistisch damit in Verbindung gebracht werden können.

Salibi ist der Meinung, daß zahlreiche Bibelübersetzungen oberflächlich und zum Teil auch falsch durchgeführt wurden. Er ist sicher, daß viele Wörter manchmal mit einem präpositionalen »b«, »l« oder »m« verbunden und als Ortsnamen gelesen wurden. Es existieren derzeit z. B. sieben verschiedene authentische Lesarten des Korans, die kanonisch anerkannt sind, ganz abgesehen davon viele andere Lesarten, die keine Anerkennung gefunden haben.

Mose wurde nach der Bibel (2 Mose 3,1ff) auf dem Berg Horeb vom Engel Jahwes aus dem flammenden Busch angerufen. Nach dem Koran (20,12; 79,16) fand der göttliche Ruf an Mose in dem heiligen Tal von Tuwa statt. Der flammende Busch, der »mit Feuer brannte und ward doch nicht verzehrt«, ist als Hinweis für einen Vulkan verstanden worden. Auf dem Sinai gab und gibt es keine Vulkane. Im Koran kann man nachlesen, wo der Horeb war. Ein einzelner Höhenzug in der Tihama von Asir, heute Jabal

Hadi (»der Führende« lautet die Übersetzung) genannt, bietet sich dafür an.

Salibi behauptet keineswegs, daß in biblischen Zeiten in Palästina keine Juden lebten, sondern es ist seine Überzeugung, daß der Judaismus aus Westarabien kam und daß das Land der biblischen Israeliten dort und nicht in Palästina lag.

Er glaubt auch eine Ungereimtheit und unrichtige Übersetzung im Text von 2 Könige 3,4–27 zu erkennen. Es gäbe nichts, was darauf hindeutet, daß Moab ein alter Name für das Bergland östlich des Toten Meeres war und daß das Königreich von Israel in Palästina lag. Aus dem Original gehe einwandfrei hervor, daß die Kriege zwischen Israel und Moab nicht in Westjordanien stattfanden, sondern im Hedschas, so daß Israel und Moab in Westarabien und nicht in Südsyrien Nachbarn gewesen sein müssen.

Wenn die Bibel die hebräische Version dieser Überlieferungen vor dem 4. Jahrhundert v. Chr. darstellt, so stellt der Koran, wo er dieselben Überlieferungen behandelt, die arabische Version dar, die aus einer Zeit stammt, als das Arabische bereits das Aramäische und Hebräische als gesprochene Sprache aus Westarabien verdrängt hatte. Salibi versucht zu überzeugen, daß Juda nur in Westarabien gelegen sein kann, wenn die hebräischen Texte so gelesen werden, wie sie in ihrer ursprünglich konsonantischen Schrift vorliegen.

Über 100 Ortsnamen, die in Esra und Nehemia vorkommen, findet man zum überwiegenden Teil noch heute in Westarabien vor, was zu denken geben mag.

Salibi ging mit bewundernswerter Akribie daran, verschiedene Sträucher und Bäume, aber auch bestimmte Vogelarten sowie Bodenschätze, die in der Bibel konkret genannt und beschrieben wurden, nach ihren Vorkommens- und Verbreitungsgebieten zu untersuchen. Viele kommen in Palästina überhaupt nicht vor, wohl aber in Westarabien, behauptet er – was seine These zu erhärten scheint. Der libanesische Historiker machte sich auch die

Mühe, geographische und linguistische Vergleiche anzustellen sowie Auslegungen der verschiedenen Übersetzungen gegenüberzustellen. Aus seinen Forschungsarbeiten ist jedenfalls eine These – und nicht mehr – entstanden, die aber nicht mehr vom Tisch gewischt werden kann. Es klingt wie eine dringliche Aufforderung an die Wissenschaft, sich mit dieser Forschung künftig eingehender zu befassen als bisher. In seinem Nachwort führt Salibi u. a. an: »Eines Tages, wenn eine neue Generation von Bibelgelehrten die veralteten Traditionen ihrer Zunft aufgegeben hat, wird der gesamte Text der hebräischen Bibel neu gelesen werden. Verben, Adjektive, Nomina, Substantive, Gerundien und sogar einige Adverbien werden in Wirklichkeit auf Ortsnamen zurückgehen, während sich andere Begriffe, die bis dahin für Ortsnamen gehalten wurden, sich als etwas ganz anderes herausstellen mögen ... Die bekannten sowie die – bis jetzt – unbekannten biblischen Ortsnamen müßten identifiziert werden können, wenn sie mit den katalogisierten westarabischen Ortsnamen in einen Computer eingegeben werden ... Je eher dies geschieht, desto besser ist es im Interesse der Wissenschaft ...«

Salibi macht durchaus nicht den Eindruck eines rechthaberischen Besserwissers, sondern er regt archäologische Forschungen in Asir an, wo bis jetzt überhaupt keine Grabungen in dieser Richtung durchgeführt worden sind. Die Bibel würde die Bibel bleiben, gleichgültig, wo sich was geschichtlich abgespielt hat. Niemand weiß heute, welche historischen Schätze und Erkenntnisse unter dem Sand und Geröll von Asir verborgen sind!

Für Forschungen dieser Art in der Krisenregion des Vorderen Orients sind Politiker und Religionen allerdings schwer zu begeistern. Eine ehrliche Suche nach Wahrheitsfindung stößt aus begreiflichen Gründen auf eine erbitterte Mauer der Abwehr. Außerdem würden archäologische Forschungsarbeiten ein jahrzehntelanges Programm füllen und einen gigantischen Finanzierungsbedarf haben.

Professor Kamal Salibi hatte den Mut, Fakten aufzuzeigen, sie zur Diskussion zu stellen und nachdenklich zu stimmen. Vielleicht wird Salibi eines Tages der Schliemann in der etablierten Bibelarchäologie, was – nach Ansicht von führenden Wissenschaftlern – absolut nicht unmöglich wäre.

Die Provinz Asir ist, wie bereits erwähnt, ein vom Nordjemen beanspruchtes Gebiet, und deshalb ist diese wissenschaftliche Streitfrage auch ein Teil der Geschichte des Jemen.

Viel Kummer
mit dem kleinen Bruder im Süden

Zum Unterschied vom Nordjemen spielt der benachbarte Südjemen (Demokratische Volksrepublik Jemen) – der gefährliche kleine Bruder – eine andere Rolle, er hat auch einen ganz anderen Weg eingeschlagen, um in Freiheit zu leben.

Die einstige Kronkolonie Aden, wichtiger Stützpunkt für die Seefahrt zwischen Europa und Fernost, war nicht nur eine der strategisch wichtigen Bunkerstationen für alle Schiffe, sondern Aden war ein Steuer- und Zoll-Eldorado, so wie Hongkong oder Singapur. Hier kaufte man am billigsten ein, und dementsprechend blühten auch der Handel und die Wirtschaft. Von der Schweizer Uhr über den Fotoapparat bis zum Luxusauto bekam man dort alles billig. Neben der Handels- und Kriegsmarine benützten auch Luftfahrtgesellschaften Aden für Zwischenlandungen, weil es dort das billigste Flugbenzin gab, das direkt aus der unweit des Hafens gelegenen Ölraffinerie kam. Shopping in Aden war ein Begriff. Speziell die Inder nisteten sich nach dem Abzug der Briten aus Indien in Aden ein. Auch zahlreiche Nordjemeniten pilgerten mit Sack und Pack als Gastarbeiter in die Kronkolonie, weil es dort immer relativ gut bezahlte Arbeit gab. Daß Aden gleichzeitig Militärstützpunkt der Briten für Flotte und Luftwaffe mit einer ansehnlichen Garnison war, brachte weiteren wirtschaftlichen Auftrieb und zusätzliches Geld in diesen südlichsten Zipfel der Arabischen Halbinsel. Nebenbei wirkte Aden für die gegenüberliegende afrikanische Küste wie ein Magnet und zog den Handel von Berbera, Djibouti, Massaua, Assab und Mogadischu an, von wo die arabischen Frachtensegler (Dhows) die Waren in Massen heranbrachten. Banken, Handelshäuser und Büros internationaler Gesellschaften schossen aus dem Boden, wobei in erster Linie die Briten und Inder den Rahm abschöpften und den Südjemeniten nur die Arbeitsplätze blieben.

Im Zuge der international einsetzenden Entkolonialisierung und Demokratisierung und im Hinblick auf die Entwicklung in Ägypten ließen die Engländer auch in Aden die Errichtung von Gewerkschaften zu, deren Führer aus Kairo inspiriert wurden und kurz darauf auch eine politische Partei (»Sozialistische Volkspartei«) gründeten. Politische Thesen und Programme waren nicht nur auf die Kritik an der Kolonialmacht, sondern auch auf die Unabhängigkeit des Landes ausgerichtet. Die unteren Schichten der Bevölkerung, auch aus dem Hinterland in Hadramaut, sowie die nordjemenitischen Gastarbeiter engagierten sich in dieser neuen politischen Bewegung. Die Motivierung war denkbar einfach: »Wir nehmen den Briten alles weg und sind dann selbst die reichen Herren des Landes.« Abdullah al-Asnag, ein echter Adener, war der Führer dieser »Sozialistischen Volkspartei« und setzte alle nur erdenklichen antibritischen Maßnahmen. Mit Recht kritisierte er Mißstände und Übergriffe der Kolonialherren, und schon damals – Mitte der sechziger Jahre – tauchte erstmals der Gedanke einer Vereinigung des Nord- und Südjemen zu einem Großjemen auf. Auf keinen Fall jedoch unter einem Imam, den man – wie die feudalistisch regierten arabischen Staaten und Scheichtümer – in Grund und Boden verdammte. Man dachte an einen »Sozialistischen Arabischen Großjemen«. Besonders aus Ägypten, aber auch aus anderen arabischen Staaten kam propagandistische und moralische Hilfe. Die Briten sahen dieser politischen Entwicklung eher hilflos und ungeschickt zu oder versuchten diese Bewegung einzudämmen. Im Hinterland von Aden sahen die Emire, Sultane und Scheichs der »Protektorats-Emirate« einer höchst ungewissen Entwicklung entgegen. Bisher hatten die Engländer einen gegen den anderen geschickt ausgespielt. Sie hatten alle britische »Berater« beigestellt bekommen, durften keine eigene Außenpolitik betreiben und erhielten dafür von London einen jährlichen Staatszuschuß gewährt. An die inneren Strukturen der Scheichtümer rührten die Briten nicht. Muckte ein Scheich in irgendeiner Form auf, so machten die Kolonialherren den Nachbarscheich entsprechend stärker, und der brachte den Rebellen mit Waffengewalt nicht selbstlos zur Räson. So hielten die Engländer das ganze System in Balance. Neben dem hohen diplomatischen Spiel gründeten die Engländer noch eine Art Schutztruppe, die für Recht und Ordnung zu sorgen hatte, die »Hadrami-Legion«, ähnlich, wie es die Briten in Jordanien 1921 mit der »Arabischen Legion« praktiziert hatten. Zum großen Teil war es eine Söldnertruppe mit Berufssoldaten, die nach der Devise: Zuerst schießen, dann fragen! jeden noch so bösen Befehl ausführten.

Laut Völkerrechtsvertrag mußte Großbritannien sowohl Aden als auch die angeschlossenen südarabischen Protektorate bis 1968 in die Freiheit und Unabhängigkeit entlassen. Was sich in Aden an sozialistischer Realpolitik auszubreiten begann, war für die Scheichs und Emire ein wahrer Alptraum, denn mit einem souveränen südjemeniti-schen Staat sozialistischer Prägung waren sowohl ihr Machtbereich als auch ihre ganze Existenz bedroht. Junge Intellektuelle, darunter auch Söhne von einflußreichen Scheichs, die im Ausland studiert hatten, stellten sich gegen ihre traditionsbewußten Väter und schwärmten von einem eigenständigen Staat. Ganz verwegene Idealisten träumten bereits von einer Vereinigung mit Ägypten und Syrien – die damals leuchtenden Vorbilder in der arabi-schen Welt. Selbst der Sultan von Lahej war ein Anhänger der eigenstaatlichen Idee – in der wahnwitzigen Überzeu-gung, daß er in einem solchen Südjemen-Staat eine füh-rende Stellung würde einnehmen können. Dies hatte zur Folge, daß die Engländer die Familie des Sultans einfach einsperrten, während der Sultan selbst nach Kairo flüchten konnte. Die Briten versuchten krampfhaft, diese 19 Sultanate, Emirate und Scheichtümer zu einer staatlichen Föderation zu bringen, was wiederum den südjemenitischen Politikern in Aden ein Dorn im Auge war. Die »Sozialistische Volkspartei« und die Gewerkschaft wußten haargenau, daß ein Fortbestand der feudalen Scheichtümer mit ihren bewaffneten Verbänden nicht nur ein ideologischer Widerspruch, sondern vor allem auch ein politisches Damoklesschwert wäre. Die Briten wurden beschuldigt, die Unabhängigkeit des Südjemen bewußt und absichtlich zu hintertreiben, um auf diese Art und Weise weiterhin Einfluß in Südarabien auszuüben, indem sie ihren »Fuß in der Türe« ließen.

Als 1962 im Nordjemen die Revolution ausbrach und der Imam verjagt wurde, brach in Aden ein frenetischer Jubel aus. Es ging nun darum, wie man auch die verhaßten Engländer loswerden könnte. Der Nordjemen lieferte das gebrauchsfertige Rezept, und sowohl Großbritannien als auch Saudi-Arabien sahen argwöhnisch dieser Entwicklung entgegen. Überstürzt versuchten die Briten, den Dingen zuvorzukommen, und gliederten Aden in eine südjemenitische Föderation ein. Das war kein kluger Schachzug, denn jedermann wußte, daß die südjemenitischen »Sozialisten« auf eine Zentralregierung festgelegt waren und föderalistische Bestrebungen nicht einmal in der Diskussion duldeten. So war dies gleichzeitig der Startschuß für »Rebellion« und »Terrorismus« in klassischer Form. Die äußerst straff organisierte und relativ kleine Befreiungsgruppe »National Liberation Front« (NLF) trat mit Anschlägen überall dort in Aktion, wo man sie nicht erwartete. Briten wurden auf offener Straße erschossen, Gebäude, Polizeistationen, Offiziersunterkünfte, britische Firmen, Militärfahrzeuge und Industrieanlagen sowie die Raffinerie wurden teilweise oder gänzlich in die Luft gesprengt. Die NLF wollte die Briten noch vor dem vertraglichen Abzugstermin aus dem Land verjagen. Befreundete arabische Staaten lieferten die nötigen Waffen und sorgten für eine entsprechende Spezialausbildung dieser Freiheitskämpfer. Den Briten entglitt die Kontrolle immer mehr, und so begann sich das Chaos im ganzen Land auszubreiten. Außerdem gelang es der NLF, sogar einige Stämme im Landesinneren für diesen Kampf zu engagieren. Ende 1963 gelang der NLF ein spektakulärer Bombenanschlag gegen den Hochkommissar Trevaskis, bei dem dieser zwar nur leicht verletzt wurde, während sein Adjutant den Tod erlitt. Mord und Totschlag waren an der Tagesordnung, Polizei sowie das eingesetzte Militär waren nicht in der Lage, Ruhe und Ordnung wiederherzustellen.

Aber nicht nur gegen die Briten kämpfte die NLF, sondern es kam auch zu blutigen Auseinandersetzungen mit der Gewerkschaftspartei al-Asnags, der schließlich das Handtuch warf und zusammen mit seinem Parteikollegen Abdel Quwi Makkawi – dem ehemaligen Ministerpräsidenten von Aden – bei Nacht und Nebel nach Taiz (Nordjemen) ins Exil flüchtete. In Taiz gründeten die beiden Exilpolitiker eine neue parteiartige Befreiungsbewegung, die FLOSY (Front for the Liberation of Occupied South Yemen), die auch sofort Hilfe und Unterstützung von Kairo und der Arabischen Liga erhielt. Al-Asnag und Makkawi sollten die Führung übernehmen und sich mit der NLF vereinigen, wobei alle Hilfslieferungen nunmehr an die FLOSY-Adresse gingen. Die NLF mußte sich zähneknirschend an diese arabische Empfehlung halten und trat der FLOSY bei, weil sie sonst von ihren Hilfsquellen abgeschnitten worden wäre. Unter der Oberfläche gingen die Querelen jedoch mit aller Härte weiter, wobei der später in die Schlagzeilen gekommene palästinensische Kinderarzt Dr. Habasch auf der radikalen Seite eine führende Rolle spielte und auch in Rotchina Verständnis und Unterstützung fand.

Je energischer die Briten gegen die Rebellen vorgingen, je mehr sie durch Folterungen Druck erzeugten, um die Nester der NLF und deren Führer ausheben zu können, umso heftiger reagierte die NLF, umso brutaler griff diese die Briten an allen Ecken und Enden an, die sich kaum mehr auf die Straße wagten. Britische Firmen und Banken wurden von der NLF überfallen, beraubt oder erpreßt, Zahlungen an die Befreiungsbewegung zu leisten. Die NLF griff aber auch jeden verbündeten FLOSY-Mann an, der eigenständig in Aktion treten wollte, und behielt so das Heft in der Hand.

Ein weiterer Umstand kam hinzu, um das Problem noch zu komplizieren. Die höheren Offiziere der von den Briten geschaffenen »Föderationsarmee« gehörten dem Alauqui-Stamm an, die in weiser Voraussicht die Briten und ihre »Föderation« bereits untergehen sahen und Anschluß an die etwas gemäßigter scheinende FLOSY suchten. Die niederen Offiziersränge hingegen, die nicht dem mächtigen Stamm angehörten und die auch innerhalb der Föderationsarmee kaum noch Aufstiegschancen für sich sahen, suchten Kontakte zur radikalen NLF. Diese Polarisierung setzte die Föderationsarmee zeitweise völlig patt, denn es kam immer häufiger zu Befehlsverweigerungen innerhalb des Offizierskorps.

Der von den Briten immer betonte und vereinbarte Abzugstermin wirkte nicht besänftigend, da beide Befreiungsbewegungen – FLOSY und NLF – auf ihrem blutigen Krieg gegen die Briten beharrten, den sie so lange führen wollten, bis der letzte Engländer das Land verlassen habe. Einerseits traute man der trickreichen britischen Kolonialpolitik nicht und befürchtete eine Verlängerung der britischen Präsenz, andererseits ging es in diesem Stadium schon um den Wettlauf zur Macht im Land. Die NLF-Kämpfer galten als erklärte Volkshelden, die es wagten, dem mächtigen Großbritannien die Stirn zu bieten und mit der Waffe in der Hand Abzugstermine vorzuschreiben.

Vor dem Postamt in Aden fielen ein deutscher TV-Reporter sowie ein skandinavischer Schiffskapitän einem NLF-Attentat zum Opfer, weil deren Khakibekleidung sie als Briten gelten ließ.

Die Briten hockten mit schußbereiten Waffen hinter Stacheldraht und Sandsäcken. Es hatte den Anschein, daß sie Gefangene in ihrem noch eigenen Territorium waren. Aber auch mit den eigenen Landsleuten gingen NLF und FLOSY nicht sanft um, sondern beide Bewegungen installierten »Volksgerichtshöfe« und erschossen reihenweise Südjemeniten, die mit den Engländern zusammengearbeitet hatten oder sich in dieser chaotischen Auseinandersetzung abwartend und neutral verhalten wollten, was jeden sofort zum »Konterrevolutionär« stempelte. Die »Urteile« und Vollzugsmeldungen der Hinrichtungen wurden zur Abschreckung nachts an die Hauswände geklebt, um die Bevölkerung einzuschüchtern. Allmählich zogen sich die Engländer aus ganzen Stadtvierteln und Landesteilen zurück und igelten sich in sicheren Stellungen ein, so daß die Befreiungsbewegungen allmählich die Kontrolle voll und ganz übernehmen konnten.

Auch in der »Föderationsarmee« spitzte sich die Lage nach den geschilderten Spaltungen im Offizierslager immer mehr zu, bis diese Armee völlig funktionsunfähig wurde, da die höheren Alauqui-Offiziere resignierten und abdankten. Dadurch wurde die Armee allmählich zum Instrument der NLF, die FLOSY wurde zwangsläufig an die Wand gespielt bzw. ins Exil nach Taiz (Nordjemen) abgedrängt. Die NLF war somit einziger legitimer Verhandlungspartner für die Briten.

Die NLF brachte es fertig, die Engländer vor der vertraglichen Abzugsfrist aus dem Land »hinauszubomben«, Ende 1967 verließ der letzte Brite Aden.

Die NLF war in ihrem Kampf so radikal vorgegangen, daß faktisch die gesamte Wirtschaft im Südjemen total am Boden lag. Schon 1968 schlug die zur Macht gekommene Befreiungsbewegung einen prochinesischen »Volksdemokratie«-Kurs mit maoistischer Tendenz ein, nach der bis zur Kleinstwohnung alles enteignet wurde. Die Kommissare amtierten in den Kasernen ebenso wie im Zivilleben oder in der Verwaltung. Die nächste Etappe brachte eine

Säuberungswelle bei den Spitzenfunktionären, die weniger ideologischer Natur war, sondern vom blanken Machthunger diktiert wurde. Die Extremisten setzten sich mit ihren Exekutionseinheiten am schnellsten durch, die alle Abweichler, Gemäßigten oder Machtkonkurrenten ohne Gerichtsverhandlungen liquidierten. Wer noch entkommen konnte, flüchtete ins Landesinnere nach Hadramaut zu den verschiedenen Stämmen, um dort Unterschlupf zu finden. So mancher Politiker versuchte von dort aus verzweifelt, eine Konterrevolution zu starten und die Stämme dafür zu gewinnen. In dieser jungen »Volksdemokratie« entwickelten sich die kuriosesten politischen Strömungen mit verschiedensten Inhalten und Richtungen wie »Nasseristen«, »Panarabisten«, auch die radikale Baath-Partei war vertreten, die der radikalen, streng marxistisch ausgerichteten nationalarabischen »Haraka« den Rang ablaufen wollte.

Die Scheichs, Emire und Sultane hatten bereits zu Beginn dieser Ereignisse die Flucht nach Saudi-Arabien angetreten, wo sie mit ihren Harems, Kamelherden, Autos und sonstigem Vermögen mit offenen Armen empfangen wurden. Wer von den »Noblen« des Landes nicht rechtzeitig die Grenze überschreiten konnte, wurde von den neuen Machthabern umgebracht, denn als oberstes Gesetz der neuen »Durcheinanderregierung« in Aden galt, den Feudalismus bis an die Wurzeln auszurotten. Die südjemenitischen Flüchtlinge erhielten im Süden Saudi-Arabiens gleich einen starken Radiosender, von wo dem Volk pausenlos nicht nur Propagandasendungen, sondern auch Nachrichten und Informationen über die Zustände und Greueltaten im Südjemen geboten wurden, während die eigenen Machthaber sie im Rundfunk nur mit politischen Phrasen berieselten. Die Befreier hatten das Land nicht nur von den Briten, sondern auch von seiner märchenhaften Prosperität befreit, und den spärlichen Rest führten sie dann noch zum Bankrott. Aden hatte seine Bedeutung mit dem Abzug der Briten vorerst verloren, weil die meisten Schiffe nunmehr drüben in Djibouti bunkerten. Zu kaufen gab es in den verwahrlosten oder verlassenen Geschäften fast nichts mehr. Auch fiel die britische Budgethilfe nunmehr flach. Der Suezkanal war nach dem arabisch-israelischen Krieg ebenfalls geschlossen. Die Sowjets sprangen wieder geschickt in die Bresche und gewährten für die Bewilligung von Stützpunktrechten für die Kriegsmarine und Luftwaffe eine bescheidene Hilfe. Es kam auch zu bewaffneten Konflikten mit den Saudis, doch die hauptsächlichsten Auseinandersetzungen fanden intern statt, da die radikalen Gruppen den amtierenden Präsidenten al-Shaabi stürzten und man nach Ostblockmustern versuchte, die Planwirtschaft einzuführen. Die NLF war alles andere als eine homogene politische Partei oder Bewegung, sondern sie driftete samt ihren Bestrebungen und Führern zentrifugal nach allen Seiten auseinander.

Für asylsuchende Terroristen, Flugzeugentführer oder vertriebene PLO-Angehörige wurde der Südjemen zur letzten Rettung, das Land hatte sich dadurch – international gesehen – einen denkbar schlechten Ruf eingehandelt.

Als 1978 Präsident Salim Rubai Ali versuchte, mit Militärgewalt das eigene Zentralkomitee von seinen Ideen zu überzeugen, wurde er samt seinen Anhängern hingerichtet, und der gehaßte Gegner Abd al-Fatah Ismail rückte an seine Stelle. Der hielt es aber auch nicht allzu lange aus, demissionierte und flog nach Moskau ins Exil. Der nächste in der Präsidentenreihe war Ali Nasser Mohammed, aber auch er vermochte das Chaos in seiner Partei und in der Regierung nicht unter einen Hut zu bringen. Anfang 1986 kam es zu einem zweiwöchigen blutigen Bürgerkrieg, wo jeder auf jeden schoß und es zahlreiche Tote gab. Mittels Rettungsaktionen wurden die Europäer auf Schiffen evakuiert, und an die Macht kam Haider Abu Bakr al-Attas, der jetzige Premierminister.

Der Dorn im Auge: Großjemen?

Die beiden Jemen (Arabische Republik Jemen und Demokratische Volksrepublik Jemen) sind die einzigen Territorien auf der Arabischen Halbinsel, die nicht feudalistisch regiert werden. Nachstehend die Ziffern von drei Ländern im Vergleich:

NORDJEMEN	8,500.000 Einwohner	195.000 km²
SÜDJEMEN	2,360.000 Einwohner	332.968 km²
SAUDI-ARABIEN	11,540.000 Einwohner	2,149.960 km²

Beide Jemen zusammen haben etwa dieselbe Bevölkerungszahl wie Saudi-Arabien, das zweifellos »mächtigste« Land auf der Arabischen Halbinsel, vor allem der finanzmächtigste Staat dieser Region.

Der marxistische Südjemen, eine klassische »Volksrepublik« östlicher Prägung, hatte nach Erreichung der Unabhängigkeit sofort Berater aus der DDR im Lande, die sowohl die Polizei, den Staatssicherheitsdienst und den Geheimdienst organisierten. Es existierte bald auch ein überregionales Konzept, die südjemenitische Revolution zu »exportieren«, indem man die sogenannte Dhofar-Bewegung ins Leben rief und sponserte. Diese Guerillabewegung sollte das an der Ostküste des Südjemen gelegene Sultanat Oman befreien und mit einer Volksdemokratie beglücken. Weitgestecktes Ziel dieses Revolutionsexportes war die Aufrollung der feudalen Scheichtümer entlang der Golfküste von Oman bis Kuwait. Im erbeuteten Propagandamaterial existierten bereits dementsprechend berichtigte Landkarten des Golfs, aus denen man unschwer das

Gesamtprogramm erkennen konnte. Nach einigen Anfangserfolgen dieser Guerillabewegung sandten sowohl der damalige Schah von Persien als auch König Hussein von Jordanien dem in Bedrängnis befindlichen monarchischen Kollegen – dem Sultan Kabus bin Said al-Said – modernst ausgerüstete Elitetruppen und Kampfflugzeuge zur Hilfe. Mit dieser militärischen Assistenz gelang es relativ bald, die innenpolitische Lage im Sultanat Oman zu stabilisieren und der Dhofar-Befreiungsbewegung ein Ende zu bereiten. Da Sultan Kabus gleichzeitig durch seine Öleinnahmen soziale Maßnahmen setzen konnte, Schulen und Krankenhäuser baute und der wirtschaftliche Aufschwung des Landes den politischen Phrasen der marxistischen Befreiungsbewegung das Wasser abgrub – die »Massen der Werktätigen und Bauern« waren ohnehin nie vorhanden – und die Armee eingeschworen hinter dem in der britischen Offiziersakademie ausgebildeten Sultan Kabus stand, stabilisierte sich die Lage. Mit dem Öl kamen auch die Briten nach Oman, und zwar auch als Militärberater und in Form von Instruktoren und Leihoffizieren, die eine omanische Armee nach modernsten Richtlinien aufbauten. Was die Russen in den beiden Jemen machten, vollzogen die Briten im Sultanat Oman.

Damit war eine Flanke Arabiens einigermaßen abgesichert. Für Saudi-Arabien blieben die beiden Jemen nach Vertreibung des Imams und der Engländer weiterhin ein bedrohlicher Faktor. Die Grenzgebiete der Saudis sind zwar relativ dünn besiedelt, dennoch gab es zwischen dem Südjemen und Saudi-Arabien eine Reihe von Kampfhandlungen. Was aber am bedrohlichsten bleibt, das sind die politischen Infektionen, die über Radiowellen in jedes Beduinenzelt gelangen.

Der bankrotte Südjemen mit seinen selbstzerfleischenden Kämpfen und Säuberungsaktionen, seinen Enteignungen und radikalen Methoden bildet für die Bewohner der feudalen arabischen Staaten und Scheichtümer kein allzu erstrebenswertes und nachahmungswürdiges Beispiel.

Aber in den arabischen Ölzentren, Hafenanlagen und entstehenden Industriekonzernen sind zahlreiche Gastarbeiter aus den verschiedensten islamischen Staaten konzentriert, die rechtlos und neiderfüllt auf die reichen Einheimischen schielen, die nur in höchsten und einflußreichen Positionen oder im gewinnbringenden Handel, aber niemals bei manuellen Berufen anzutreffen sind. Da finden natürlich politische Parolen mit Rezepten für eine Umverteilung der Reichtümer dankbaren Anklang.

Außerdem hat die arabische Golfküste seit der Abdankung des Schahs von Persien, der starke Mann mit der stärksten Armee der ganzen Region, eine offene Religionsfront bekommen – die expandierenden Schiiten des Ayatollah Khomeini im Iran. Mit der Religion lassen sich in islamischen Ländern weitaus mehr und wesentlich leichter die Massen mobilisieren als mit politischen oder ideologischen Schlagwörtern.

Da die massive militärische und finanzielle saudiarabische Hilfe für die Royalisten im Jemen keinen Sieg brachte, versuchten es die Saudis auf die sanfte Tour und köderten den Nordjemen mit Hilfsprojekten und großzügigen Krediten – unterstützt von den USA. Mit dieser Samtpfote versuchten die Saudis gleichzeitig, einen Keil zwischen den Nord- und Südjemen zu treiben, weil ein vereinter Großjemen für Saudi-Arabien »ein Dorn im Auge« wäre. Die Zeit scheint für die beiden Jemen zu arbeiten, die sich allmählich aus ihrer Armut herausrappeln wollen. Nicht nur der Nordjemen hat – wie schon erwähnt – Öl gefunden, sondern 1986 entdeckten im Südjemen russische Ingenieure in der Region Schabwa, etwa 300 Kilometer nordöstlich von Aden, gleichfalls Erdöl und Erdgas. Vertraglich wurde eine gemeinsame Ausbeutung dieser Erdöllager vereinbart, nachdem der Südjemen den Russen schon früher nicht nur Flug- und Seehäfen als Luftwaffen- und Flottenbasen öffnen mußte, sondern vor allem auch die vorgelagerte Insel Sokotra, die zu einem beachtlichen sowjetischen Militärstützpunkt ausgebaut worden ist. Die vor der nordjemenitischen Roten-Meer-Küste liegende südjemenitische Insel Kamaran okkupierten kommentarlos die Nordjemeniten.

Die Idee und der Gedanke für eine Vereinigung der beiden Jemen zu einem Großjemen geistern schon lange durch beide Länder, und zwar nicht nur in den Köpfen der Politiker, sondern auch in der breiten Bevölkerung. Sprache, Geschichte, Tradition, Kultur, die parallelen Revolutionen und die unmittelbare geographische Nachbarschaft ließen solche Pläne nicht als utopisch erscheinen. Das größte Hindernis ist sicherlich die unterschiedliche politische Landschaft – die beiden extrem verschiedenen Politsysteme. In der Praxis unserer Zeitgeschichte war es bisher noch nie möglich, eine Kooperation oder Koalition, geschweige denn eine Vereinigung zwischen einem mehr oder minder demokratischen oder nichtmarxistischen und einem marxistischen Staat zu realisieren, weil man Feuer und Wasser nicht mischen kann.

Und dennoch ist die Realisierung dieses Wunschtraumes zumindest andeutungsweise versucht worden. Im Nordjemen trat dafür einer der profiliertesten Politiker – Moshen al-Aini – ein. Zuerst tobte 1972 ein regelrechter Krieg zwischen dem Nord- und dem Südjemen, da die Südjemeniten einer Delegationskarawane führender nordjemenitischer Stammesfürsten und Scheichs samt Gefolge im Grenzgebiet aufgelauert und diese ermordet hatten.

Ich war damals an der Front bei Quataba und staunte über die Art der toleranten Kriegführung, die tagsüber mit einer Schießerei auf Distanz begann. Die Südjemeniten setzten Artillerie ein, während die Nordjemeniten einige alte russische T-34-Panzer eingruben und mit deren Kanonen die Gegenseite eindeckten. Zwischen den beiden, etwa einen Kilometer auseinanderliegenden Frontlinien pendelten fallweise irgendwelche Parlamentäre, die vereinbarten, daß das schöne große Haus des Scheichs nicht zerschossen werden sollte, während die Ortschaft der Gegenseite dafür ebenfalls nicht als Ziel auserkoren würde. Manchmal tauchte auch ein weißer Landrover mit grüner Flagge und einer Delegation der Arabischen Liga auf, die einige Tage lang von einer Frontseite zur anderen fuhr und pausenlos zwischen den Kampfhähnen zu vermitteln suchte oder zumindest befristete Feuereinstellungen erreichen wollte. Es waren dies uniformierte Offiziere aus arabischen Ländern, so daß die Verständigung kein Hindernis war. Nachts wurde es kritischer, denn da zogen beide Seiten in kleinen Gruppen aus und versuchten, »drüben« Beute zu machen. Sie schnitten sich dabei gegenseitig die Kehlen durch. Da die nordjemenitischen Stammeskrieger für Kampftage immer den doppelten Sold ausbezahlt bekamen und außerdem die Munition gratis beigestellt erhielten, wurde oft mehr geschossen als gekämpft.

Die Ägypter vermittelten den ersten Frieden zwischen den beiden Jemen, oder es war den beiden Streitkräften die Munition ausgegangen. Jedenfalls wurde in Kairo im Oktober 1972 nicht nur der Friede zwischen den zwei Ländern unterzeichnet, sondern gleichzeitig auch ein Vereinigungsabkommen. Und es wurde anschließend auch jahrelang in dieser Richtung verhandelt, ohne daß es zu greifbaren Resultaten gekommen wäre.

Anstatt der Verwirklichung des Vereinigungsvertrages kam es jedoch 1979 zum nächsten Krieg zwischen dem Nord- und Südjemen, dessen Ursachen nie bekannt wurden. Gegenseitige Beschuldigungen, Attentate, Grenzverletzungen und Überfälle dienten als Motiv. Der Konflikt schwelte, ohne daß es dabei zu größeren Feldzügen gekommen ist. In erster Linie war es wieder Moshen al-Aini zu danken, daß der Gedanke einer Vereinigung nicht gänzlich unterging. Im Jahr 1983 war man dann wieder soweit: Der nächste Vereinigungsvertrag lag auf dem Tisch, diesmal in Form einer gemeinsamen Verfassung mit 136 konkreten Paragraphen. Der geduldige Papier-Optimismus war nicht nur verfrüht, sondern entbehrte auch jeder realpolitischen Grundlage. Die beiden Systeme des Nord- und Südjemen auf einen gemeinsamen Nenner zu bringen, brachte auch dieser Vereinigungsvertrag nicht zuwege. Das Maximum an Gleichschaltung wäre vielleicht ein Abkommen für eine gemeinsame Kulturpolitik, denn schon bei der Wirtschaft scheiden sich die ideologischen Geister und Grundsätze. Aber immerhin haben diese Verträge und jahrelangen Verhandlungen einen greifbaren Vorteil: Solange sie miteinander reden, schießen die beiden Kontrahenten nicht aufeinander.

Speziell Saudi-Arabien, aber auch die übrigen monarchistischen Golfstaaten verfolgen aufmerksam die Vereinigungsbestrebungen der zwei Jemenstaaten, denn ein allfälliger Großjemen sozialistischer oder marxistischer Prägung wäre eine Gefahr für sie.

Nicht so sehr militärische oder materialmäßige Potentiale fallen dabei ins Gewicht – was man ja in Persien beim Schah-Sturz erlebt hat –, sondern die politische oder religionsbedingte Aushöhlung von innen her kann eine Monarchie faktisch über Nacht hinwegfegen.

Saudi-Arabien hat sowohl 1987 als auch wenige Jahre zuvor ausgerechnet in Mekka, der heiligen Pilgerstätte des Islams, blutige Schwierigkeiten dieser Art bekommen, die drastisch vor Augen führten, wie anfällig die feudalistische Monarchie für Umsturzversuche geworden ist. In dem einen Fall kamen die Saudis mit der bewaffneten »Revolution« in Mekka überhaupt nicht zu Rande und ließen eine französische Sondereinheit einfliegen, die auf Terrorismusbekämpfung spezialisiert war. Nach wenigen Tagen schafften die Franzosen wieder Ordnung und räucherten die große Schar der »Terroristen« in den Kellergewölben der umliegenden Gebäude aus, wo sie sich verschanzt hatten. Im zweiten Fall gingen saudiarabische Polizei- und Militäreinheiten gegen die neben der heiligen Kaaba gewaltsam demonstrierenden iranischen Pilger radikal vor. Nach iranischen Angaben gab es dabei 600 Tote und über 1400 Verletzte. Mekka scheint ein idealer Ansatz- und Angriffspunkt, sozusagen eine saudiarabische Achillesferse für derartige gewaltsame Umsturzversuche zu sein, weil keinem islamischen Pilger – ganz gleich, aus welchem Land er auch kommen mag – die Einreise nach Saudi-Arabien (Mekka) verboten werden kann. Unter dem Deckmantel der Pilger kommen eben auch politische Aktivisten ins Land und nützen die heilige Stätte für politische Aktionen.

Der Islam ist keine homogene religiöse Bewegung, sondern er ist durchsetzt von polarisierenden Flügeln, die sich gegenseitig in ihrem religiösen Fanatismus überbieten wollen. Allein die beiden Staatsführer Ghadaffi (Libyen) und Khomeini (Iran) zeigen allzudeutlich, wie aus den Wurzeln der Religion eine bedrohliche und blutige Politik entstehen kann. Obwohl islamische Länder für marxistisches Gedankengut an sich nicht allzuleicht begeistert werden können, gibt es aber auch dafür schon konkrete Beispiele, die allerdings gewaltsam installiert worden sind.

So spielen die beiden Jemen in der künftigen Politik auf der Arabischen Halbinsel voraussichtlich eine bedeutende Rolle, wenn sie auch derzeit noch die »Aschenbrödel« darstellen. Ein Grund mehr, daß Saudi-Arabien und die Golfstaaten sich gegenüber dem Nordjemen betont brüderlich, hilfreich und großzügig verhalten, damit das Land aus dem Einfluß des Ostblocks herausgehalten bleibt und nicht den blutigen Spuren des kleinen Bruders im Süden folgt. Wo es nur möglich war, trieben die Golfstaaten unzählige kleine Keile zwischen den Nord- und Südjemen, um mit allen Mitteln eine Vereinigung der beiden Staaten – einen Großjemen – zu verhindern.

Mir persönlich ist der Südjemen nicht in bester Erinnerung geblieben, als ich Anfang der siebziger Jahre versuchte, ein Einreisevisum zu erhalten. Nahezu ein volles Jahr bemühte ich mich um dieses Papier sowie um die Foto- und Filmerlaubnis, bis ich endlich das erlösende Schreiben aus Aden in Händen hatte und mit der nächsten Maschine über Beirut in den Südjemen flog, um dort für eine ausländische TV-Gesellschaft einen Dokumentationsreport zu drehen und für eine deutsche Illustrierte einen bestellten Farbbericht zu machen. Kaum in Aden angekommen, begegnete ich mißtrauischen und abweisenden Gesichtern, sooft ich meinen Aden-Brief vorzeigte. Es stellte sich heraus, das die beiden südjemenitischen Minister, die jenen Brief unterzeichnet hatten, einige Tage zuvor einer Säuberungswelle zum Opfer gefallen und hingerichtet worden waren. Still und bescheiden mußte ich mich wieder auf schnellstem Weg verabschieden, um noch rechtzeitig außer Landes zu kommen . . .

Der schmutzige Golfkrieg

Der Jemen zählt nun zu den Erdölländern, liegt geographisch auf der Arabischen Halbinsel und wird deshalb auch indirekt von allen Ereignissen im Golf – auch vom Golfkrieg – berührt.

Dieser wahrlich schmutzige Krieg hat Ursachen und Wurzeln, die weit zurückreichen, aber wesentlich sind, um die augenblickliche Entwicklung und Situation im Persischen Golf verstehen zu können. In unseren Atlanten scheint er als »Persischer Golf« auf, doch in allen arabischen Karten wird er ausnahmslos als »Arabischer Golf« ausgewiesen, was so weit geht, daß die an Golfstaaten adressierte Post mit der Bezeichnung »Persischer Golf« nicht angenommen wird.

Die Staatsgrenze zwischen dem Irak und dem Iran im Verlauf des in den Golf mündenden Schatt el-Arab (Zusammenfluß des Euphrat und Tigris) war seit jeher umstritten, wobei es in erster Linie um die Schiffahrtsrechte des bis Basra (Irak) für Hochseeschiffe befahrbaren Flusses, um die Grenzen am Fluß sowie um etliche kleinere Inseln im Mündungsgebiet ging.

Der Schah von Persien besaß mit seiner bestausgerüsteten Armee, Luftwaffe und Marine, ein weitaus schlagkräftigeres Militärpotential als alle anderen Golfstaaten zusammen. Der Schah bestand auf der zugunsten des Iran verlaufenden Grenze, während der Irak ständig auf Territorialansprüchen beharrte, sich aber nur verbal grollend bemerkbar machen konnte. Diese Grenze bildete aber seit langer Zeit einen Spannungs- und Konfliktstoff.

Um dem Irak innenpolitische Schwierigkeiten zu bereiten und von unüberlegten Handlungen an der Grenze abzuhalten, griff der Schah zu einem raffinierten Schachzug und unterstützte die Kurden-Guerillas im Irak, die unter der Führung des legendären Generals Barzani und dessen beider Söhne einen verzweifelten Befreiungskrieg für eine Autonomie in den unwegsamen Bergen, aber auch in ihrer eigentlichen Heimat, in der irakischen Ölprovinz Kirkuk, führten. Der Schah erreichte damit einerseits, daß die irakischen Streitkräfte zweckgebunden im Land beschäftigt waren, um die aufständischen Kurden niederzuhalten, und das Militär als »unabkömmlich« für andere Operationen galt. Andererseits schaffte sich der Schah international gesehen mit seiner Kurdenhilfe ein gutes Image, da der Kampf der unterdrückten Kurden als berechtigt angesehen wurde und er sich damit bei den Kurden im Iran Sympathien einhandelte. Für den Schah bedeutete diese Kurdenhilfe also sowohl einen äußerst geschickten außen- wie innenpolitischen Schritt, der besonders in den westlichen Ländern wohlwollend und positiv beurteilt wurde. Diese Situation hielt viele Jahre, in denen der Schah von Persien Waffen, Munition, Nachschub, humanitäre Unterstützung lieferte und seine Grenze für die Kurden öffnete.

Plötzlich, wie aus heiterem Himmel, platzte die Meldung durch die Medien, daß Ende 1975 anläßlich eines Gipfeltreffens in Marokko der Irak mit dem Iran einen Vertrag geschlossen habe, wonach die Grenzfrage einvernehmlich gelöst erschien. Die gemeinsamen Schiffahrtsrechte am Schatt el-Arab seien unter Dach und Fach gebracht worden, und als Gegenleistung verpflichtete sich der Schah, seine Hilfe an die aufständischen Barzani-Kurden im Irak einzustellen. Es war ein schäbiger politischer Handel, durch den ein ganzes Volk anderer Vorteile wegen mit einem Federstrich fallengelassen wurde. Hartgesottene Kurdenkrieger, die jahrzehntelang in den Bergen gekämpft hatten, konnten diese Nachrichten vom Verrat des Schahs nicht glauben und weinten wie kleine Kinder. Einige Tage blieb die Grenze zum Iran für die Kurden noch offen, dadurch retteten sich viele ins Exil nach Persien – auch der kranke General Barzani und seine beiden Söhne. Dann war die Grenze jedoch hermetisch abgeriegelt, und keine Hilfe kam mehr aus Teheran. Ein namhafter Kurdenführer, der dennoch in den Bergen im Irak blieb und mit seinen Männern ohne Hilfe weiterkämpfte, verfluchte lautstark vor versammelter Mannschaft den Schah persönlich mit allen nur denkbaren bösen Wünschen, die wenige Jahre später in allen Einzelheiten Wirklichkeit werden sollten und diesen Kurdenführer zum »Propheten« seines Volkes werden ließen.

Nach der Vertreibung des Schahs von Persien begann es an dieser Nahtstelle abermals zu kriseln. 1980 kam es zu den ersten Feuergefechten an der irakisch-iranischen Grenze, und die Iraker verfügten die Ausweisung iranischer Schiiten. In der südpersischen Ölprovinz Chusistan kam es zu Unruhen gegen die Mullahkratie in Teheran, wobei die Iraker mit ihren eingeschleusten Agenten nachgeholfen hatten.

Das Khomeini-Regime befand sich damals in ärgsten Schwierigkeiten, weil es in allen Landesteilen gärte und die einzelnen Volksgruppen diese Schwäche für eigene Autonomiebestrebungen ausnützen wollten. Die iranische Armee war von den Mullahs zerschlagen worden, indem sie die führenden Offiziere liquidiert oder entlassen hatten. Die Disziplin im Militär war verpönt, weil sie an den Schah erinnerte, und kein Offizier vermochte sich aus Angst vor Denunzianten durchzusetzen. Die eigentliche Macht im Land hatten die fanatischen »Revolutionswächter« (Pasdaran), die wie politische Kommissare oder als Staatssicherheitsdienst mit eigenen Verbänden in Aktion traten. Vor ihnen mußten selbst die höchsten Offiziere der Armee kuschen.

Am 16. April 1980 verkündete Radio Teheran mit gewaltigem Propagandaaufwand die Gründung der »Islamischen Revolutions-Armee zur Befreiung des Irak«, und Ayatollah Khomeini persönlich rief zum »Heiligen Krieg« auf, was zweifellos von den innenpolitischen Kalamitäten und Unzulänglichkeiten auf allen Gebieten ablenken sollte.

Im September 1980 fielen dann irakische Truppen im südlichen Iran – in der arabischsprachigen Ölprovinz Chusistan – ein, stießen auf keinen nennenswerten Widerstand, vermochten aber die iranische Ölraffineriestadt Abadan nur einzukesseln, jedoch nicht zu erobern.

Der Irak mit seinem Präsidenten Saddam Hussein (seit 1979), der in Personalunion gleichzeitig auch Vorsitzender des »Revolutionären Führungsrates«, Generalsekretär der Baath-Partei, Regierungschef und Oberbefehlshaber ist, ging anscheinend von einer völligen Fehleinschätzung der Lage im Iran aus, sonst hätte dieser »Kriegsbeginn« sicherlich nie stattgefunden.

Saddam Hussein war der Überzeugung, daß das Khomeini-Regime in Teheran bereits am Ende war und es nur mehr eines Anstoßes von außen bedurfte, um einen inneren Zusammenbruch des Iran herbeizuführen. Einige westliche Geheimdienstberichte schienen die Meinung des irakischen Regierungschefs noch zu bestärken, daß nunmehr der bestgewählte Zeitpunkt für eine militärische Attacke gekommen sei. Ausländische Berater legten noch etwas nach und warnten vor einer Verzögerung, die nur dem Iran zum Vorteil gereichen würde.

Mehrere Motive hatten den Irak zu diesem unseligen Kriegsbeginn bewogen. Chusistan (»Arabistan«) sollte vom Iran abgetrennt und die dortige arabische Bevölkerung dem arabischen Irak – heim ins arabische Reich! – angeschlossen werden. Da es sich außerdem um eine reiche Ölprovinz handelte, ergab dies einen zusätzlichen Ansporn.

Der Irak beanspruchte nunmehr wieder die vollen Hoheitsrechte über den Schatt el-Arab und betrachtete das seinerzeitige Grenzabkommen mit dem Schah von Persien (1975) für null und nichtig. Der ehrgeizige irakische Staatschef Saddam Hussein liebäugelte schon geraume Zeit mit einer panarabischen Aufwertung seines Landes zur arabischen Führungsnation, wenn ihm dieser Sieg über den zahnlosen Riesen Iran gelungen wäre. In diesem Falle hätte der Irak den Iran auch in der Kontrolle über die Golfgewässer abgelöst.

Dazu muß man allerdings sagen, daß die Bevölkerung des Iraks zu etwas mehr als 50 Prozent aus moslemischen Sunniten besteht und die Schiiten etwas weniger als die Hälfte ausmachen. Die Sunniten regieren das Land, aber viele Schiiten bewunderten Khomeini und seine Mullahs, als diese die US-Botschaft in Teheran besetzten, sich an keine UNO hielten und sich vor keinem Säbelgerassel der Großmächte zu fürchten schienen. Die von den Schiiten ausgerufene »Islamische Revolution« war ein Schuß vor den Bug aller konservativen oder sozialistischen (Baath-Partei) arabischen Länder im Nahen und Mittleren Osten. Der Islam als Staatsreligion und der Koran gleichzeitig als Strafgesetzbuch (Scharia) und Anleitung für die neue Lebensform in der großen Weltpolitik schienen vielen Moslems als das erstrebenswerte Endziel von Religion und Politik in einer Hand. Daß die iranischen Revolutionsgerichte Menschen wegen oft lächerlicher und nichtiger Gründe hinrichteten – darunter Andersgläubige wie z. B. die Bahais oder Volksgruppenminderheiten wie die Kurden oder Frauen und Kinder –, störte die Khomeini-Bewunderer auch im Irak nicht besonders. Sie wünschten sich insgeheim solche Strafgerichte und religiöse Säuberungswellen für die an der Macht befindlichen Sunniten. Paradoxerweise liegt die am meisten verehrte und größte religiöse schiitische heilige Stätte im Irak.

Saddam Hussein wußte sehr wohl, welche Gefahr für ihn aus dem Iran drohte, nachdem er diesen unsinnigen Krieg angezettelt hatte und es nun anscheinend keinen Frieden ohne Niederlage mehr zu geben schien. Khomeini hatte lautstark verkündet, daß dieser »Heilige Krieg« bis zur Vertreibung oder Verurteilung des verhaßten Saddam

Hussein und der Befreiung des Irak geführt werden müsse.

Diese Eskalation brachte direkt und indirekt verschiedene Mächte ins Spiel, weil ein Sieg Khomeinis unabsehbare Folgewirkungen im Golf nach sich ziehen würde.

Israel zerstörte im Juni 1981 mit zwei Düsenbombern punktgenau den von den Franzosen bei Basra erbauten irakischen Atomreaktor, nachdem durchgesickert war, daß die Iraker in absehbarer Zeit in der Lage gewesen wären, eigene Atombomben herzustellen. Der Irak zählt zu den erbittertsten Feinden Israels.

Den Golfkrieg vermochten die beiden Staaten Irak und Iran einzig und allein durch ihre Öleinnahmen zu finanzieren, und deshalb setzten beide Länder alles daran, dem Gegner die Pipelines, Ölverladeeinrichtungen, Bohrtürme, Raffinerieanlagen, Bohrinseln etc. durch Bomben- und Raketenangriffe zu zerstören. Da Syrien mit dem Irak in äußerst gespannten politischen Verhältnissen liegt, Syrien aber gerade aus diesem Grund mit dem Iran sympathisiert, sperrte es die durch Syrien führende irakische Pipeline zum Mittelmeer. Das irakische Erdöl aus den südlichen Ölfeldern bei Zubair wurde zuerst über den Golfhafen Fao exportiert, der aber für die größeren Tanker zu flach war. So baute man 32 Kilometer von der Küste entfernt im Meer die Ölverladestation Khor-al-Amaja. Das waren willkommene Ziele für die erfolgreichen iranischen Bombenangriffe, und auch die Mittelmeerpipelines von den Kirkuk-Ölfeldern – und Kirkuk selbst – wurden hart getroffen. Iraks Ölexporte schrumpften empfindlich ein.

Israel begann dann auch noch durch verdeckte Aktionen in Form von Dreieckgeschäften, den Iran mit amerikanischen Ersatzteilen für die Luftwaffe zu versorgen, da die einst vom Schah gekauften amerikanischen Maschinen schon in einem desolaten Zustand waren.

Der Irak hingegen bekam zwar von den verbündeten Russen einen energischen Rüffel wegen des angezettelten Krieges, doch die vertraglich zugesicherten sophistischen

Waffen blieben aus. Da die Situation in dieser wirtschaftlich so wichtigen und sensiblen Ölregion immer bedrohlicher wurde, nachdem seit September 1982 die Iraner die militärische Initiative an sich gerissen hatten und sich im Vormarsch befanden, begannen die Golfstaaten – besonders Saudi-Arabien und Kuwait –, den Irak massiv zu unterstützen. Auch Westmächte sponserten Saddam Hussein, um das »Gleichgewicht« im Golf zu erhalten, weil ein Sieg Khomeinis für alle ein Alptraum wäre. Frankreich lieferte modernste sophistische Waffen für zwei Milliarden US-Dollar an den Irak und stellte außerdem im Leasingverfahren (eine Novität auf diesem Gebiet der modernen Kriegführung) eine Staffel Düsenbomber mit einem großen Aktionsradius zur Verfügung, die Einschulung der irakischen Piloten inbegriffen. Da die Franzosen dazu auch noch die bereits im Falklandkrieg von den Argentiniern gegen die britischen Schiffe mit Erfolg eingesetzten Exocet-Raketen lieferten, schien der Erfolg gesichert. Daß die Franzosen etwas später klammheimlich für dieselbe Summe Waffen und Munition auch an Khomeini lieferten, kam erst mit einem Skandal Ende 1987 ans Tageslicht.

Nachdem die Iraner einige irakische Ölinstallationen zu Schrott gebombt hatten, erklärte Saddam Hussein im August 1982 das Gebiet um die Insel Kharg zur »Kriegszone«. Mit anderen Worten hieß dies nun, daß die Iraker nicht nur die Installationen, sondern auch alle Tanker und Frachtschiffe in dieser Meeresregion angreifen wollten. Das war eine weitere entscheidende Stufe in der Eskalation, denn die 40 Kilometer vor der persischen Küste liegende Insel Kharg – umgeben von Bohrinseln im Meer – ist der größte Supertanker-Anlegeplatz des Iran, wo durch gigantische Verladeeinrichtungen mehr als 80 Prozent des persischen Erdöls in alle Welt verschifft werden. Kharg ist die Ölschlagader Persiens, sie liegt ungeschützt im freien Meer.

Teheran drohte nunmehr, notfalls den ganzen Golf bei der Meerenge von Hormuz zu blockieren, da die kleinen

Inseln bei Hormuz einst vom Schah besetzt worden waren und seither beim Iran geblieben sind. Durch einen systematischen militärischen Ausbau haben sich iranische Truppen mit Artillerie- und Raketenstellungen dort für alle Fälle festgesetzt. Im Ernstfall wären diese Hormuz-Inseln zwar militärisch nicht haltbar und leicht ausschaltbar, aber selbst dann könnten die Perser mit einigen versenkten Zementfrachtschiffen die Blockade des Golfes leicht durchführen. In dem Fall hätte sich Khomeini mit seinem Öl aber selbst blockiert. Der Irak hat in der Zwischenzeit bereits eine neue Pipeline in Betrieb, die an der türkischen Mittelmeerküste mündet. Er vermag so wieder Öl zu exportieren, während die Iraner in letzter Zeit an einer Pipeline basteln, die außerhalb des Golfes für Tanker benützbar sein soll.

Mit diesen Ankündigungen begann der Tankerkrieg, aber es begann auch das große Zittern der Golfstaaten und Ölabnehmerländer. Speziell für Japan, das zum überwiegenden Teil seinen Ölbedarf im Persischen Golf eindeckt. Eine totale Blockade des Ölgolfes wäre für etliche Industriestaaten eine wirtschaftliche Katastrophe, weil dieser Ölausfall nicht von anderen Ölregionen abgedeckt werden könnte. So begann auch Saudi-Arabien unter dem Druck dieser Entwicklungen eine Pipeline zum Mittelmeer zu bauen.

Der Golfkrieg auf dem Land hatte sich grundlegend verändert. Aus dem einstigen »Befreiungskrieg« für Chusistan ist für den Irak ein reiner Verteidigungskrieg geworden, da die iranischen Truppen die Eindringlinge bis an die Staatsgrenze zurückgeworfen und auch wechselweise einige unbedeutende Territorien vorübergehend erobert haben. In unregelmäßigen Abständen startete der Iran, der über die größeren Reserven an Menschenmassen verfügt, verschiedene Offensiven, die zwar einen grauenvollen Verlust an Menschen und Material mit sich brachten, aber zu keinem nennenswerten Erfolg führten.

Alle Ermahnungen aus dem arabischen Lager und seitens der UNO mit verschiedenen Embargos und Boykotterklärungen wurden so gut wie überhaupt nicht beachtet. Glaubwürdigen Berichten und Untersuchungen zufolge setzten die Iraker fallweise auch chemische (Giftgas) Waffen ein. Die betroffenen iranischen Soldaten wurden sowohl aus humanitären als auch aus propagandistischen Gründen mit Flugzeugen zur Behandlung in westliche Länder gebracht.

Der Krieg kostete Milliarden, und da die Öleinnahmen nicht mehr für die Finanzierung reichten, kämpfte man buchstäblich auf Kredit. Die Waffenliefernationen hatten als Sicherstellung noch immer das künftige Öl akzeptiert. Der Irak rief – wie das bei Kriegen so üblich ist – die Bevölkerung mit Appellen an das Nationalgefühl dazu auf, Goldschmuck zu spenden. Die irakischen Familien erhielten von der Regierung für jeden im Kampf gefallenen Mann oder Sohn ein funkelnagelneues japanisches Auto zum Trost und Vergünstigungen bei Wohnungen oder Studien der Kinder zugesichert. Die Hinterbliebenen der Gefallenen plakatieren die Todesnachrichten im Posterformat an die Hauswände, was bei der großen Anzahl einen erschütternden und makabren Eindruck macht.

1985 erreichte der Golfkrieg nahezu eine Pattstellung, die Fronten waren festgefahren. Beide Gegner bombardierten wahllos die gegnerischen Städte, wobei nur Zivilisten zu Schaden kamen. Allmählich tauchten dann die ersten Boden-Boden-Raketen auf, mit denen auf weite Distanzen – ohne kostbare Flugzeuge zu riskieren – ähnliche traurige Wirkungen wie mit den Bombardements erzielt werden konnten.

Die USA nahmen im selben Jahr, die seit 1967 (Israel-Krieg) abgebrochenen diplomatischen Beziehungen zum Irak wieder auf, und das öffnete automatisch beachtliche Hilfsquellen. In der irakischen Armee häufte sich erschreckend die Zahl der Deserteure. Soldaten marschierten einfach heimwärts, da sie von diesem sinnlosen Krieg die Schnauze voll hatten. Sie wurden alle eingesperrt, aber nicht – wie sonst üblich im Krieg – an die Wand gestellt.

Selbst das mieseste Gefängnis erschien diesen davongelaufenen Soldaten noch immer erträglicher als der pausenlose Tod an der Front.

Der Tankerkrieg begann mit all seinen Konsequenzen von beiden Seiten, denn man wollte sich gegenseitig die Ölnabelschnur unterbrechen. Um lange gefahrvolle Wartezeiten bei der iranischen Kharg-Insel, dem Supertanker-Terminal, zu vermeiden, wurden die Tanker beim Golfeingang – außerhalb der Reichweite der irakischen Kampfflugzeuge – gesammelt, in Rudeln an die Ankerkette gelegt, und immer dann, wenn ein Zapfplatz an den »Manyfolds« frei wurde, fuhr der nächste Tanker mit voller Maschinenleistung nach Kharg. Die Zu- und Abfahrten wurden möglichst in die Nachtzeiten verlegt, und auf Kharg-Island selbst wurde eine starke Flugabwehr installiert, die allerdings auch nicht vor Angriffen der irakischen Luftwaffe schützte. Der »Städte- und Tankerkrieg« nahm weiter zu, und jeder Vergeltungsangriff hatte eine neuerliche Vergeltung zur Folge. Eine tödliche Kette ohne Aussicht auf ein Ende.

Obwohl jeder Krieg abscheulich ist und man das massenweise Töten von Menschen mit Hilfe der modernsten technischen Hilfsmittel nicht begreifen kann, hat dieser Golfkrieg noch ein ganz besonders erschütterndes Detail: Die Iraner setzen Kinder in diesem Krieg ein. Sie werden nicht etwa gezwungen, sondern man heizt sie mit religiösen Motiven auf, man verspricht ihnen das Paradies, falls sie sterben sollten. Man gibt ihnen kleine Amulette mit auf den Weg zur Front, als Beweis zum Eintritt in das jenseitige Reich. In den Schulen macht man den Knirpsen schon klar, daß es als Privileg gilt, in diesem »Heiligen Krieg« sterben zu dürfen. Eltern dürfen sich nicht gegen diese »Freiwilligen« auflehnen, wenn sich die Kinder nach solcher Seelenmassage und Gehirnwäsche in langen Schlangen bei den Meldestellen einfinden. Sie bekommen kaum eine militärische Ausbildung, passieren einen mehrtägigen Schnellsiedekurs – wo sie mehr politische Phrasen und

Koransprüche als sonst etwas vermittelt bekommen – und müssen sich oft noch selbst das Bus- oder Bahnticket für die Fahrt zur Front besorgen. Zu Tausenden wurden diese Kinderbrigaden durch die Sümpfe und Minenfelder getrieben, wo sie mit angstvoll aufgerissenen Augen und schrillen Gesängen fanatisch in den Tod rannten, den zu suchen man ihnen eingebleut hatte. Man muß nur einmal durch die Friedhöfe in Teheran gehen und sich diese mit Fotos und Fähnchen geschmückten »Heldengräber« ansehen oder sich durch die Gefangenenlager im Irak führen lassen, wo neben den gefangenen bärtigen Soldaten diese Kinder im Alter von oft 12 bis 14 Jahren mit ihren trotzigen Gesichtern am Boden sitzen, um ihr Elend zu begreifen. Es sind Kinder mit erwachsenem Gesichtsausdruck; es sind Kinder, die nicht mehr lachen oder weinen können. Selbst der iranische Kultusminister hat offiziell und stolz im November 1987 erklärt, daß sich zur Zeit 150.000 dieser Kinder im Kampfeinsatz an der Front befanden. Wie viele Hunderttausende dieser Kinder bereits gefallen sind, verraten keine Statistiken und kein Minister. Da dreht sich bei jedem noch so hartgesottenen Beobachter der Magen um, und man starrt fassungslos in diese triste Welt, in der oft wegen Nichtigkeiten demonstriert wird, aber gegen diesen Kinderkrieg meldet sich überhaupt keine Stimme der Entrüstung. Selbst die UNO – dieses angebliche Forum und Bollwerk der Menschenrechte – übergeht gelangweilt diese Fakten, und eine Nation wie der Iran, der diese abscheulichsten Menschenrechtsverletzungen seit Jahren mit einer perfiden Überheblichkeit begeht, ist nach wie vor Vollmitglied in den »Vereinten Nationen«.

Etwas Bewegung kam Anfang 1986 in den Konflikt, als ein iranisches Kriegsschiff – entgegen dem internationalen Seerecht – den amerikanischen Frachter »President Taylor« auf hoher See nach Waffen durchsuchte. Präsident Reagan reagierte prompt und verfügte militärisches Geleit für alle amerikanischen Schiffe im Golf.

Bei der nächsten blutigen Offensive an der Südfront,

die enorme Opfer an Menschenleben forderte, konnten iranische Verbände die irakische Hafenstadt Fao erobern. Sie bildeten dort einen Brückenkopf, der nicht nur die wichtige Stadt Basra in Bedrängnis brachte, sondern für die Iraker auch eine moralische Hypothek bedeutete. In der Zwischenzeit war der amerikanische Waffenskandal bekannt geworden, demzufolge die USA heimlich auf Geheimdienstebene beträchtliche Mengen an Kriegsmaterial und sogar Raketen an den bösen Feind Iran geliefert hatten. Mit anderen Worten: Die Amerikaner belieferten mit unverschämter Unbekümmertheit beide kriegführende Staaten zugleich mit Waffen und Kriegsmaterial, mit dem sie dann später paradoxerweise selbst beschossen wurden. In den westlichen Ländern sorgte diese unverständliche Moral für beträchtliche Aufregung. Zwischendurch beschoß eine irakische Mirage »versehentlich« das US-Kriegsschiff »Stark« mit einer Exocet-Rakete.

Kuwait liegt als Nachbar des Irak extrem ungünstig in Reichweite für iranische Angriffe. Es fühlte sich auch besonders bedroht, da es dem Irak finanzielle Hilfe gewährte. Das feudalistische Regierungssystem der Sabah-Familie, die in allen Schlüsselpositionen des Scheichtums vertreten ist, würde nach einem Sieg des Iran unweigerlich das nächste Opfer sein. Kuwait ersuchte deshalb die USA um Umflaggung seiner Tankerflotte, was auch geschah, nachdem die Amerikaner ihre Flottenpräsenz im Golf verstärkt hatten. Zögernd tauchten auch britische, französische und italienische Flotteneinheiten auf, um die eigenen Schiffe zu beschützen und um Reagan nicht allein zu lassen. Die Russen lösten das Problem wesentlich einfacher, indem sie den Golfstaaten ihre eigenen Tanker samt Besatzung vercharterten. Die Sowjets schalteten sich auf diese Art und Weise in die Auseinandersetzung ein, in der UNO stimmten sie dafür, daß sämtliche ausländischen Flottenverbände aus den Golfgewässern verschwinden sollten, was ihnen Wohlwollen und Handelsverträge in Teheran einbrachte.

Als Khomeini auch noch Minen im und vor dem Golf auslegen ließ, stiegen die Versicherungsprämien für die Tanker bei Lloyds, und auch die Heuer für die Besatzungen der Schiffe mußte drastisch erhöht werden. Der kuwaitische Ölverladehafen Mina al-Ahmadi wurde bereits von einer iranischen »Seidenraupe«-Rakete (made in China) – die von Fao aus abgefeuert worden ist – getroffen, und in den letzten Kriegsjahren sind 144 Schiffe (in erster Linie Tanker, aber auch Frachter) im Golf von den beiden kriegführenden Ländern beschädigt, in Brand gesetzt oder versenkt worden. Bis Ende 1987 hat dieser wahnsinnige Krieg laut verläßlichen Meldungen nicht weniger als 1,5 Millionen Menschenleben gekostet.

Aufrufe und Sanktionen der UNO, der Großmächte sowie der arabischen Welt blieben unbeachtet, der greise Ayatollah Khomeini verkündete vielmehr die Generalmobilmachung, und so marschierten die nächsten Todesbrigaden mit ihren Stirnbändern an die Front. Es ist kein Kriegsende und kein Friede nach mehr als sieben Jahren Tod und Verderben in Aussicht. Henry Kissinger hat nach dem ersten Ölschock bereits sehr deutlich gemacht, daß notfalls eine Gewaltlösung gesucht werden müsse, um in dieser heiklen Ölregion den freien Zugang für alle Nationen zu erhalten. Ein Krieg zwischen den USA und dem Iran ist undenkbar und würde einem Weltkrieg gleichkommen. Andererseits birgt allein die – wenn auch notwendige – US-Flottenpräsenz im Golf eine nicht zu unterschätzende Gefahr in sich, weil die schiitischen Kampfmethoden mit ihren Selbstmordkommandos kaum abwehrbar sind. Um sich jedoch nicht selbst unglaubwürdig zu machen, wären die USA gezwungen, jeden gegen ihre Streitkräfte gerichteten Angriff der Perser schärfstens zu vergelten, was einem regelrechten Krieg gleichkäme.

Das Problem des Golfkrieges scheint bis in absehbare Zeit als unlösbar, weil islamisch-religiöser Fanatismus außerhalb jeder rationalen Vernunft steht und keine Kompromisse zu kennen scheint. Der Golfkrieg ist schon lange keine bilaterale Angelegenheit zwischen dem Iran und dem Irak mehr, sondern er ist einer der folgenschwersten internationalen Konflikte, weil er in der wichtigsten Ölregion unserer Erde mit beängstigender Eskalation abrollt, die weder kontrolliert noch kalkuliert werden kann. Dabei wäre dieser langjährige Krieg, der nur durch das Erdöl finanziert wird, theoretisch schon längst zu Ende, würde den beiden Kriegsländern niemand mehr Öl abkaufen . . .

Abschied und Ausblick

Einige Wochen war ich kreuz und quer durch »meinen« Jemen gereist, das vermittelte mir nicht nur überraschende Eindrücke, sondern auch die gesuchten Vergleichsmöglichkeiten. Der Nordjemen hat sich nun aus der durch den brutalen Imam verhängten Isolation gelöst und ist, im Bewußtsein seiner immens reichen kulturellen Geschichte und Vergangenheit, im wahrsten Sinne des Wortes aufgewacht. Der schmerzvolle Weg durch die blutigen Bürgerkriegsjahre und der Sprung aus dem Dunkel des Mittelalters ist gelungen – der Jemen hat Anschluß gefunden. Es ist sogar gelungen, Epochen der Entwicklung zu überspringen, was man höchst selten bei einem Entwicklungsland antrifft. Bei allen Vergleichen darf man nicht vergessen, daß der Jemen noch vor wenigen Jahren zu den ärmsten und rückständigsten Ländern gezählt hat. Das ist Vergangenheit.

Sicherlich bleibt noch viel zu tun, in welchem Land wohl nicht?! Entscheidend dabei ist der Wille des Volkes und der seiner verantwortlichen Führer, sich selbst zu helfen – ein wesentlicher Faktor, der leider bei vielen Ländern der dritten Welt nicht zutrifft. Der Bau des neuen Staudammes von Marib ist wahrscheinlich Symbol und Markstein, daß es im Jemen zielbewußt aufwärts- und vorwärtsgeht.

Daß sich der Jemen aus seiner Abhängigkeit von der Sowjetunion abgenabelt hat, kam dem Land sichtlich zugute, weil erfahrungsgemäß kapitalkräftige Konzerne oder westliche Industriestaaten nicht gerne in marxistischen Volksdemokratien investieren, um dann eines Tages verstaatlicht oder vor die Türe gesetzt zu werden. Vom Ostblock ist, wie die Zeitgeschichte lehrt, außer Kalaschnikows und MIG-Düsenjägern gegen Barzahlung keine Wirtschaftshilfe zu erwarten.

Der Jemen verfügt heute über ein tadellos ausgebautes Straßennetz, es wurden nicht nur zahlreiche Schulen, sondern auch eine eigene Universität gebaut, Krankenhäuser wurden errichtet, Elektrizitätswerke entstanden mit Hochspannungsleitungen durch das ganze Land, Fabriken und sonstige Erzeugungsbetriebe schaffen Arbeitsplätze, und das erwähnte Jemen-Öl wird hoffentlich jene Förderkapazität erreichen, die einen weiteren wirtschaftlichen Aufschwung ermöglicht, den das Land noch braucht, um das Niveau der anderen fortschrittlichen arabischen Nationen erreichen zu können.

Ein besonders erwähnenswertes Kapitel bildet die »Yemenia« (Yemen Airline), die ich noch aus ihren abenteuerlichen »prähistorischen« Zeiten her kannte. Heute ist dies eine Fluggesellschaft, die man ohne Bedenken empfehlen kann, die ein Service bietet, das sich sehen lassen kann. Mit einer kleinen Flotte von Boeing 727/200 und 737/200 sowie Dash-7 bestreitet die »Yemenia« nicht nur ein Inlandstreckennetz, sondern befliegt auch internationale Destinationen wie London, Amsterdam, Paris, Frankfurt, Rom, Moskau, Athen, Istanbul, Kairo, Damaskus, Khartum, Addis Abeba, Karachi, Bombay etc. und die Golfstaaten. Die Flugzeuge werden technisch gut gewartet, der ganze Flugbetrieb ist auf Computer ausgerichtet, Personal und Management sind von ausländischen Spezialisten eingehend geschult worden, und an der Finanzierung hat sich Saudi-Arabien maßgeblich beteiligt. Der einzige Minuspunkt der »Yemenia« ist nur der von den Italienern hingepflasterte ultramoderne Glaspalast (Hauptsitz und Verwaltungsgebäude), der das Stadtbild der Hauptstadt Sanaa verschandelt.

Eine permanente innenpolitische Bedrohung für den Staat bilden nach wie vor die Einflüsse und Machtstellungen der großen Stämme. Der Nordjemen hat dem radikalen südjemenitischen Beispiel – Vertreibung oder Liquidierung der Scheichs und Stammesfürsten – nicht folgen wollen und wohl auch nicht können, weil die Verhältnisse im Nordjemen gerade in dieser Hinsicht wesentlich anders liegen als beim Nachbarn. Im Gegenteil, auf lange Sicht können sich diese natürlich und historisch gewachsenen Stammesstrukturen eines Tages als nützlich und innenpolitisch vorteilhaft erweisen.

Es gibt ja im Jemen, wie bereits ausgeführt, keine politischen Parteien, die unter den dortigen Verhältnissen keinen »demokratischen« Vorteil bedeuten, sondern nur zusätzliche Schwierigkeiten bringen würden. Ausschlaggebend für den innen- und außenpolitischen Weg sind einzig und allein die Persönlichkeit des jeweiligen Regierungs- und Staatschefs und sein Durchsetzungsvermögen. Präsident Ali Abdullah Salih, ein Militäroffizier in Zivil, scheint für die derzeitige Entwicklungsphase des Jemen zweifellos die maximalste Lösung zu sein. Er verfügt über die nötige Härte und hat den eisernen Willen, Mißstände ohne Rücksicht auf Ansehen und Person radikal abzustellen. Er hat ein offenes Ohr für wirtschaftliche Belange und scheint auch für schwierige Gesprächspartner ein toleranter, offener, aber auch gerissener Verhandler zu sein, der weiß, wie weit er gehen kann und wo sein eigentliches Ziel liegt. Ali Abdullah Salih kannte nach seinem Amtsantritt keine Rachegedanken und trug Andersdenkenden nichts nach. Völlig unfaßbar und überraschend für viele lud er die im Exil lebenden einstigen Revolutionsführer Oberst Sallal sowie General Hassan al-Amry ein, in ihre Heimat zurückzukehren, und garantierte ihnen volle Freiheit ohne jede Einschränkung. Die beiden und noch eine ganze Reihe weniger prominenter Männer kehrten in den Jemen zurück und führen dort ein normales Leben. Diese Geste der Toleranz war bezeichnend für Salih, der damit zusätzliche Anhänger für seinen politischen Weg gewann.

Ich hatte in den letzten Tagen noch reichlich zu tun,

mußte bei verschiedenen Freunden und führenden Persönlichkeiten vorsprechen, denn meine neuerliche Anwesenheit im Lande hatte sich schnell herumgesprochen. Ich wurde herumgereicht wie ein seltenes exotisches Wesen, das man sich noch schnell ansehen wollte, bevor es wieder verschwindet. Da ich das Glück hatte, einer der wenigen Zeitzeugen jener schweren Bürgerkriegsjahre zu sein, verfüge ich auch über Foto- und sonstiges Dokumentationsmaterial aus dieser bitteren Zeit, das in keinem jemenitischen Archiv vorhanden ist – weil es kein Archiv gab. Im Jemen habe ich zwangsläufig eine ganze Reihe von gefährlichen Abenteuern buchstäblich überlebt, was dazu führte, daß meine damaligen Berichte und Reportagen weltweit publiziert wurden. Der Jemen war der publizistische Anlaß dafür, daß ich fortan bei dieser schwierigen und riskanten internationalen Konfliktberichterstattung geblieben bin.

Noch am letzten Tag vor meiner Abreise wurde ich in das jemenitische Fernsehstudio geholt, das etwas außerhalb von Sanaa hinter scharf bewachten Drahtzäunen auf einem kleinem Hügel liegt. Der jemenitische Starreporter begrüßte mich mit seinem ganzen technischen und redaktionellen Mitarbeiterstab im Studio, wo bereits zwei Kameras, aber nur ein Kameramann vorhanden waren. In einem stundenlangen Gespräch wollte der Jemenite sowohl meine Eindrücke der letzten Reise als auch meine Vergleiche und Schilderungen über die damaligen Jahre hören. Der Kameramann sprang abwechselnd von Kamera 1 zu Kamera 2 und wieder zurück, das einzige störende Element bei dieser Fernsehsendung war eine dicke, fette Fleischfliege, die mit unglaublicher Beharrlichkeit immer wieder in meinem Gesicht landen wollte und dann zu meinen Augen krabbelte. Ich hielt es nicht aus, das Biest einfach zu übersehen und ungeschoren zu lassen, sondern versuchte vergeblich, meine Fliegenabwehr möglichst unbemerkt durchzuführen. Mein Zweikampf während dieses endlosen TV-Interviews mußte auf die Zuschauer wie eine Show gewirkt haben. Nach der Sendung tröstete mich die Studiobesatzung damit, daß diese Fleischfliege nur bei laufender Kamera aktiv sei, anschließend spurlos verschwunden bleibe und sich bisher gegen alle Sprays als immun erwiesen habe.

Jemeniten sind die gastfreundlichsten Menschen, die ich je getroffen habe, und dieses wilde Gebirgsland mit seinen Menschen, Eigenheiten und Geheimnissen hat mich so fasziniert wie kaum ein anderes. Im Grunde vermag ich aber nicht zu sagen – warum!

LITERATURNACHWEIS

Daum W., Jemen, Das südliche Tor Arabiens, Edition Erdmann Verlags GmbH., Tübingen 1980.

Daum W., Jemen, Pinguin-Verlag, Innsbruck; Umschau-Verlag, Frankfurt/Main 1987.

Jenner M., Jemen neu entdeckt, Longman Group, London und New York 1983.

Mandel G., Das Reich der Königin von Saba, Scherz-Verlag, Bern und München 1976.

Rohner G., von Rohr H. R., Jemen, Land am Tor der Tränen, Verlag Welsermühl, Wels 1979.

Salibi K., Die Bibel kam aus dem Lande Asir, Rowohlt-Verlag, Hamburg 1985.

Sitte F., Brennpunkt Jemen, Verlag Kremayr & Scheriau, Wien 1973.

Fischer Welt Almanach, verschiedene Ausgaben, Verlag Fischer, Frankfurt/Main.

Diverses Informationsmaterial der YAR-Regierung in Sanaa.